U0449897

投资必备的大局思维

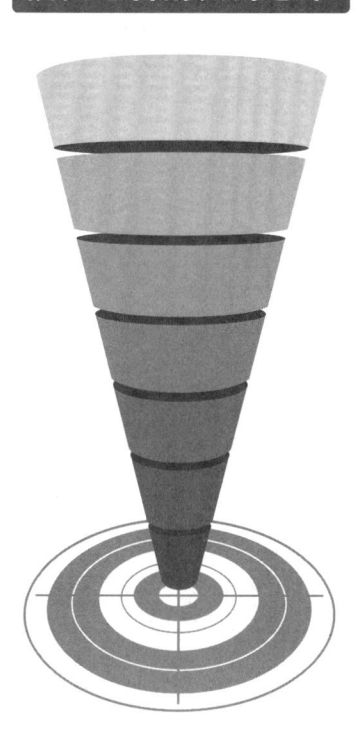

金融 传统／行为	❶ 人是**不理性**的 ❷ 嗨过头／怕过头 ❸ 物极必反回归价值	**不慌** 透析人性	
政府 C+I+G+(X-M)	❶ **货币**政策／**财政**政策 ❷ 纾困方案／紧急命令	**不惑** 政府作为	
公司 万物皆有价	❶ 三大财务报表 ❷ 两只脚（**生活／行业**） ❸ 一切源自 OCF（营业活动CF）	**不赌** 价值投资	
个人 胜算／防爆	❶ 资产盘点与风险管控 ❷ 投资组合与个人操作 ❸ 线上学习平台"打群架"	**不急** 胜算大的事	

总体经济

金融
- 传统：人是理性的
- 行为：人不是理性的

不慌 透析人性

政府 C+I+G+(X-M)

不惑 政府作为

个体经济

公司 万物皆有价

不赌 价值投资

个人 胜算.防爆

不急 做胜算大的事

传统 vs. 行为

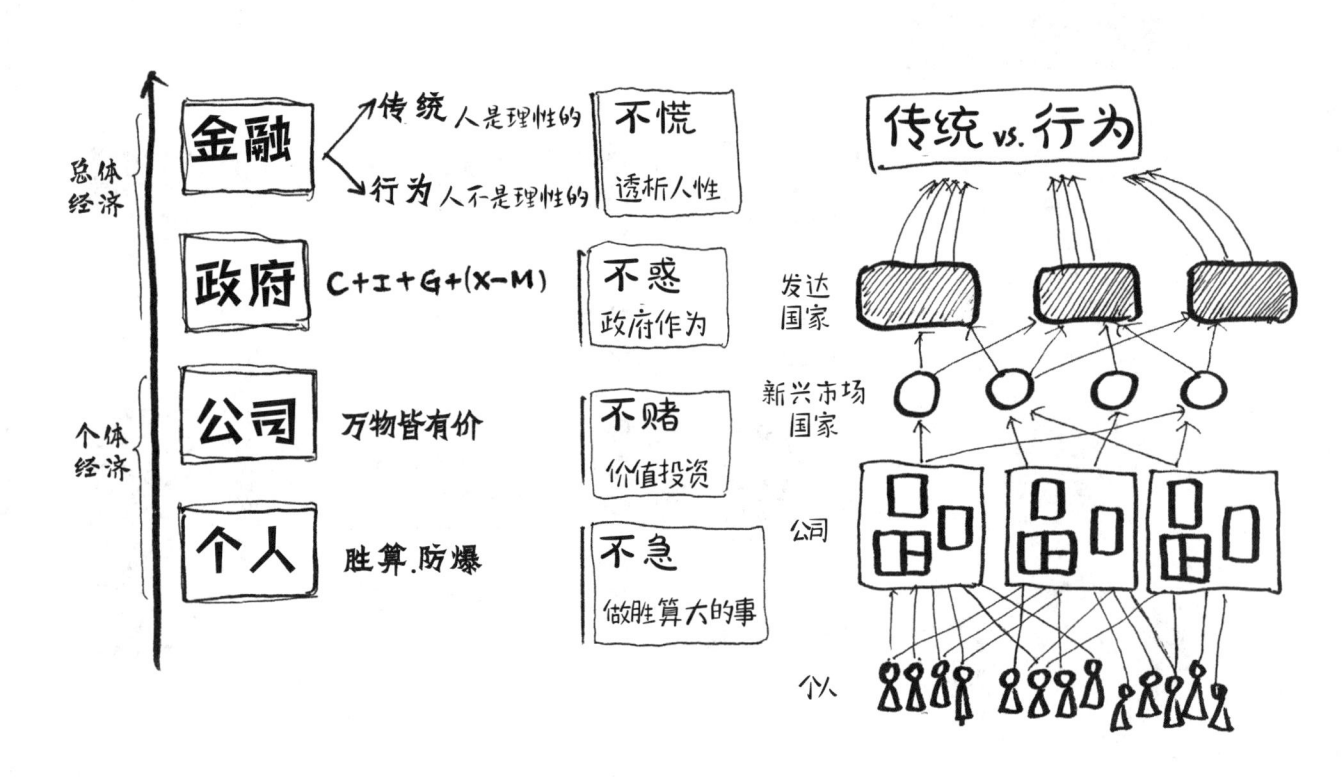

- 发达国家
- 新兴市场国家
- 公司
- 人

心得笔记

国家或地区金融视角——不慌

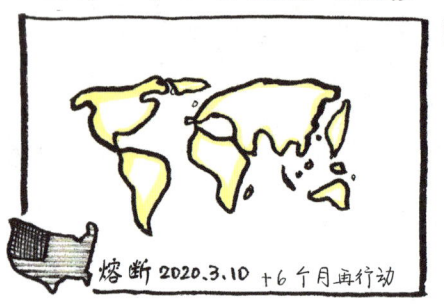

发展中国家和地区（台湾地区、中国大陆） 8-36个月 } 物极必反
发达国家（美国、日本） 6-18个月

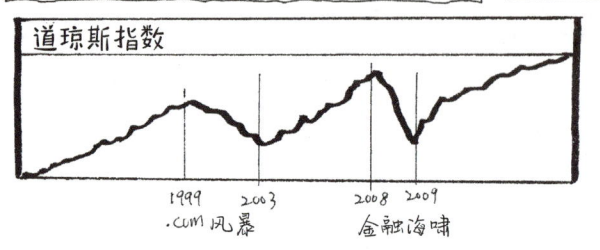

道琼斯指数

1999 .COM风暴　2003　2008 2009 金融海啸

熔断 2020.3.10 +6个月再行动

1. 黑死病 → 30%-40% 死亡率
2. 世界大战 → 民不聊生
3. 1990 A.C. 台股急跌　12682点　经了一事，长了一智

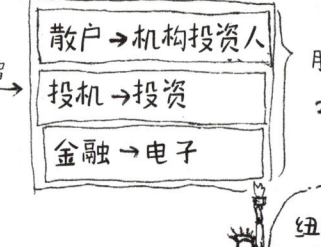

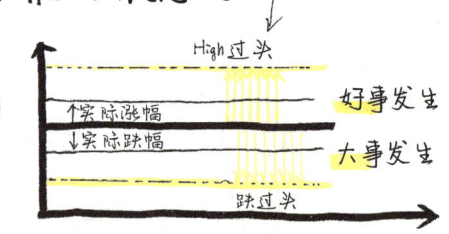

散户 → 机构投资人
投机 → 投资
金融 → 电子

股市营业额
2100亿 NTD
↓ 交易量

纽约证交所　东京证交所

High过头
↑实际涨幅　好事发生
↓实际跌幅　大事发生
跌过头

不理性

心得笔记

台股

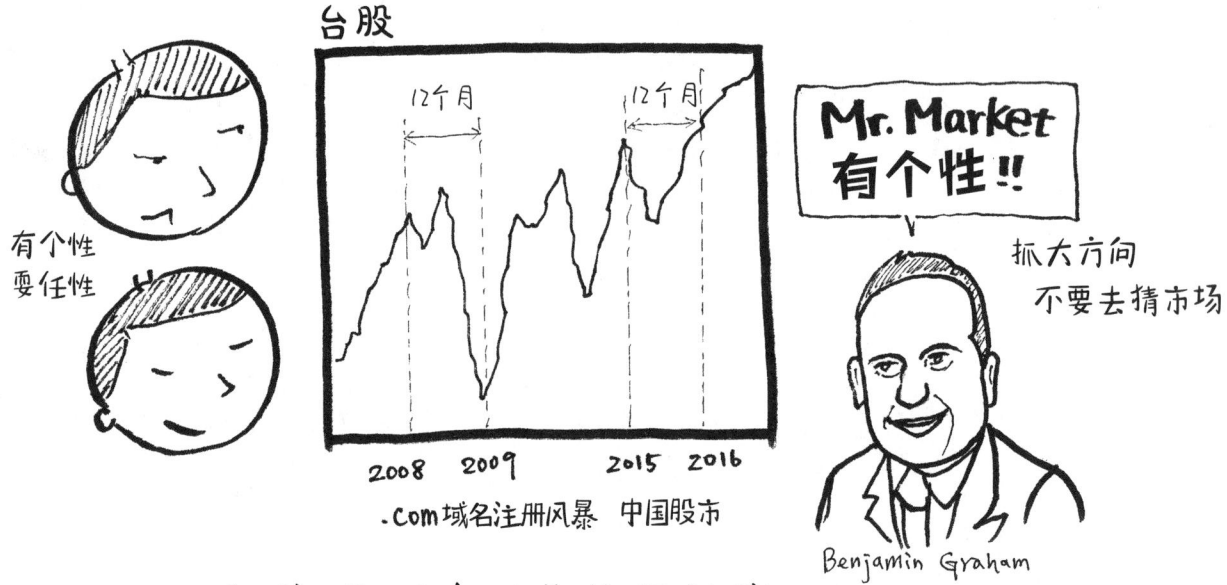

12个月　　12个月

2008　2009　　2015　2016

.com域名注册风暴　中国股市

有个性
要任性

Mr. Market
有个性!!

抓大方向
不要去猜市场

Benjamin Graham

投资,是因为股市值得投资
公司希望越做越大

公司变大 → 成分股 → 指数变大

心得笔记

为什么股市长远来看都是涨的?

上市公司老板的人性
希望做大、做强、做到极致

台股

道琼斯指数

1986　1989　1992　1995　1998 1999　2001　2004　2007　　2010　　2013　　　　2019

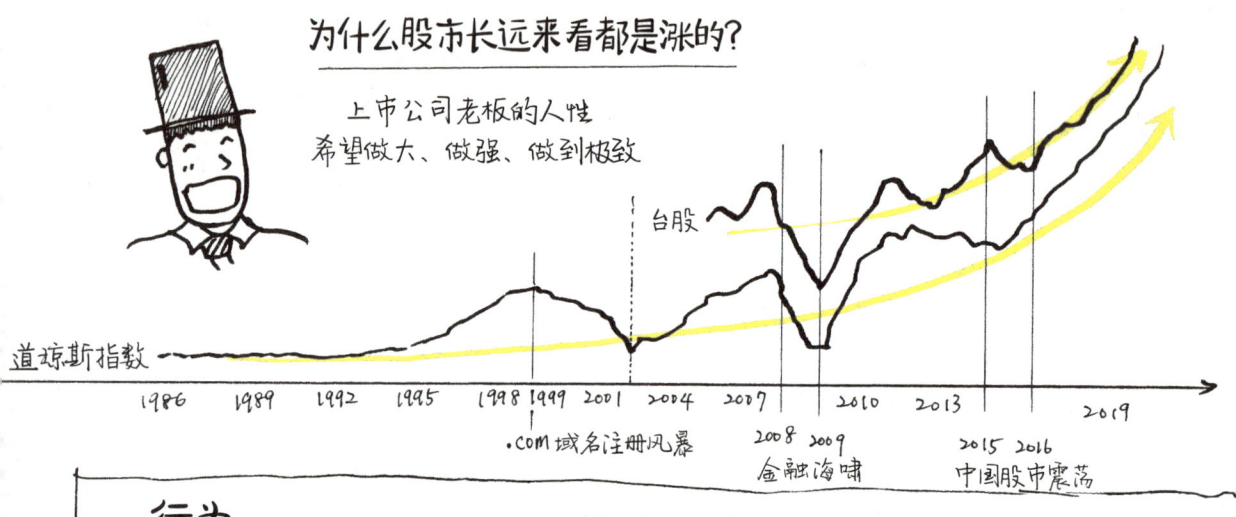

.COM 域名注册风暴　　　2008 2009　　　2015 2016
　　　　　　　　　　　金融海啸　　　中国股市震荡

行为金融学研究结果：

1. 人是不理性的

2. 嗨时嗨过头，跌时跌过头

3. 涨久必跌、跌久必涨、最后都会回归价值

心得笔记

常见财富自由方法

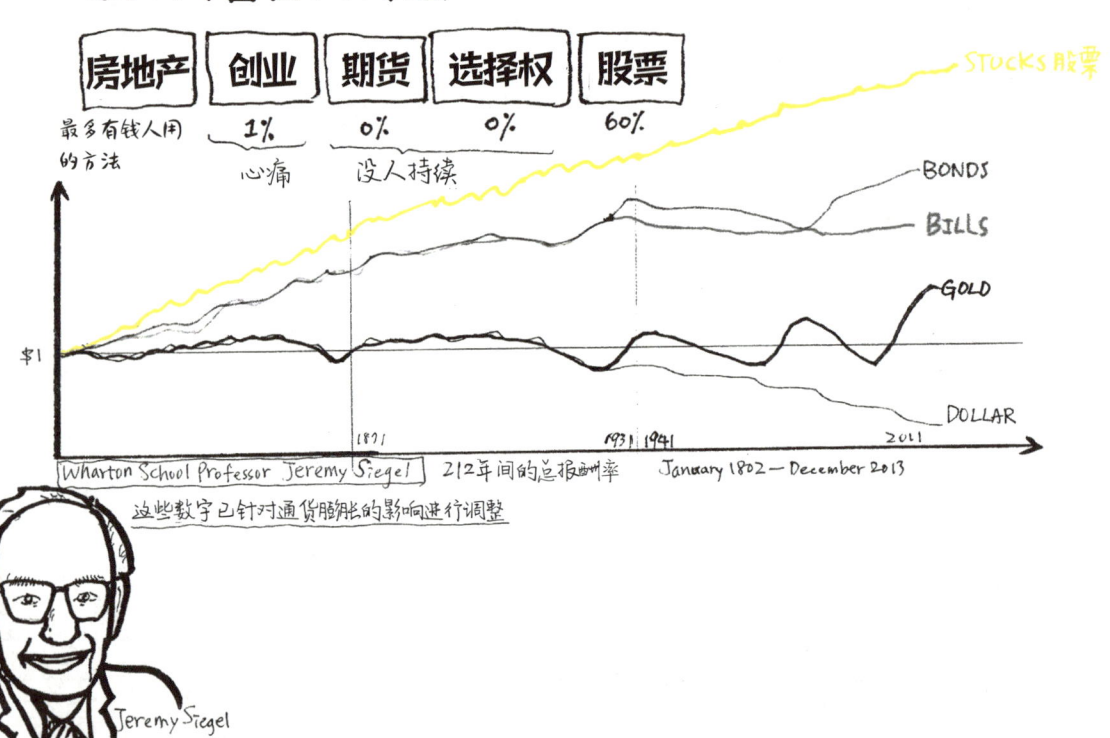

房地产	创业	期货	选择权	股票
最多有钱人用的方法	1%	0%	0%	60%
	心痛	没人持续		

STOCKS 股票
BONDS
BILLS
GOLD
DOLLAR

$1

1871 1931 1941 2011

Wharton School Professor Jeremy Siegel 212年间的总报酬率 January 1802 — December 2013

这些数字已针对通货膨胀的影响进行调整

Jeremy Siegel

心得笔记

国家金融视角

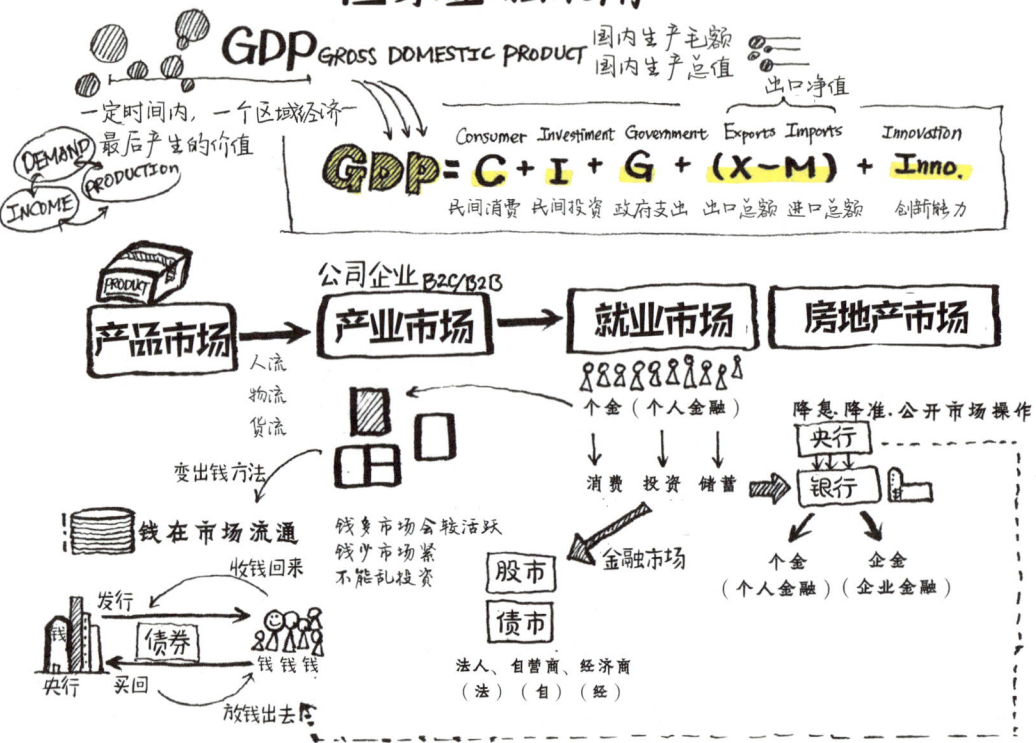

GDP GROSS DOMESTIC PRODUCT — 国内生产毛额 / 国内生产总值

一定时间内，一个区域经济最后产生的价值

DEMAND / INCOME / PRODUCTION

出口净值

$$GDP = C + I + G + (X - M) + Inno.$$

Consumer / Investment / Government / Exports / Imports / Innovation

民间消费　民间投资　政府支出　出口总额　进口总额　创新能力

产品市场 → 产业市场（公司企业 B2C/B2B）→ 就业市场　　房地产市场

人流 / 物流 / 货流

个金（个人金融）→ 消费　投资　储蓄 → 金融市场

降息、降准、公开市场操作

央行 → 银行

个金（个人金融）　企金（企业金融）

变出钱方法

钱在市场流通

钱多市场会较活跃
钱少市场紧
不能乱投资

股市 / 债市

法人、自营商、经济商
（法）（自）（经）

央行 ⇄ 债券 ⇄ 钱钱钱（发行 / 收钱回来 / 买回 / 放钱出去）

心得笔记

国力强弱 GDP = C + I + G + (X−M) + Inno.

- C：民间消费
- I：民间投资
- G：政府支出
- X：出口（赚钱） M：进口（花钱）
- Inno.：创新能力

产品市场 ← 需求

有大事发生
!! 滞留 !!
人流 物流 货流

产业市场 ← **就业市场** → 人群 → 财富 → 消费 / 投资 / 储蓄

房地产市场（公司买厂房, 个人买房）

X−M
出口贸易
增加 企业竞争力
补助

政府 G（绝对不能 GG）
补助 → I
补助 → C
补助

个金 / 企金 → **金融市场**

央行 ↓↓↓ **银行** → 个金 企金

心得笔记

损益表

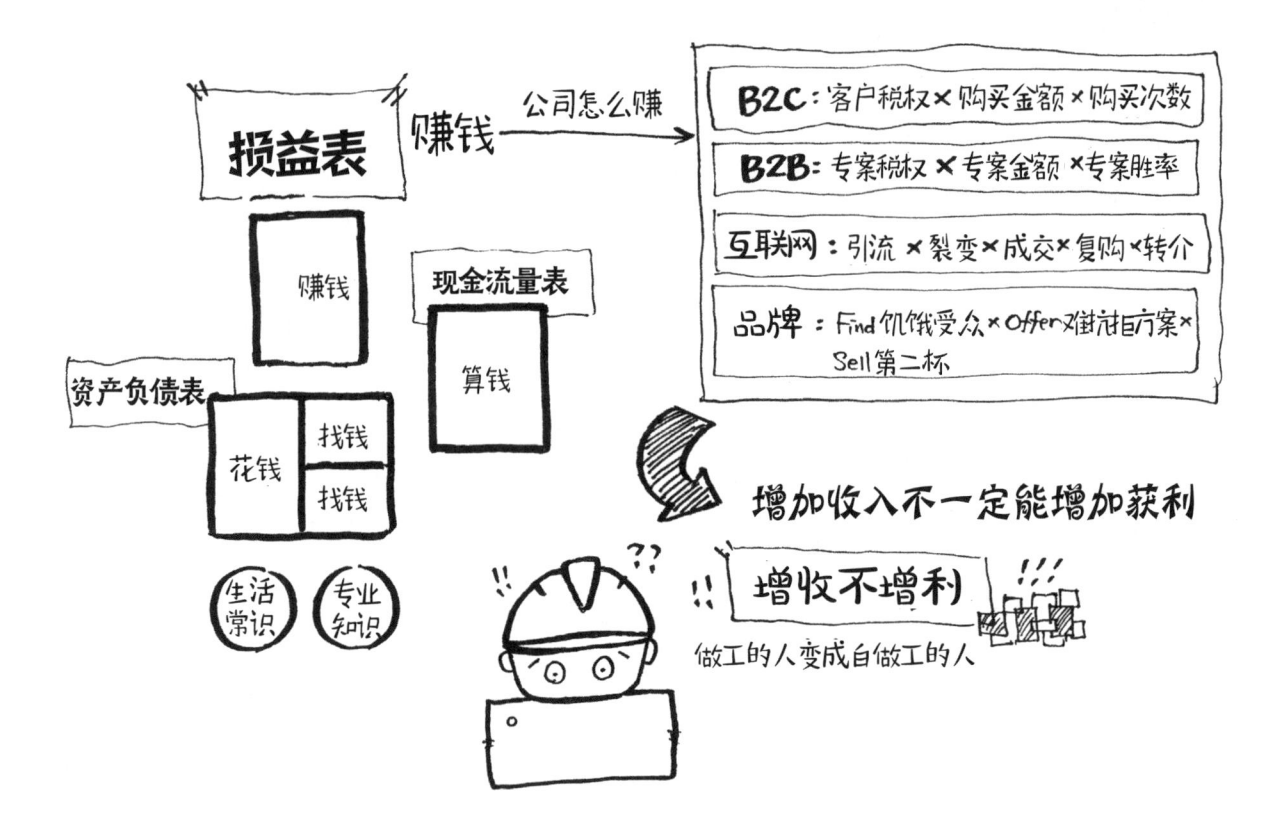

赚钱 → 公司怎么赚

- **B2C**：客户税权 × 购买金额 × 购买次数
- **B2B**：专案税权 × 专案金额 × 专案胜率
- **互联网**：引流 × 裂变 × 成交 × 复购 × 转介
- **品牌**：Find 饥饿受众 × Offer 难拒绝方案 × Sell 第二杯

资产负债表

赚钱	
花钱	找钱
	找钱

现金流量表

算钱

(生活常识) (专业知识)

增加收入不一定能增加获利

增收不增利

做工的人变成白做工的人

心得笔记

损益表

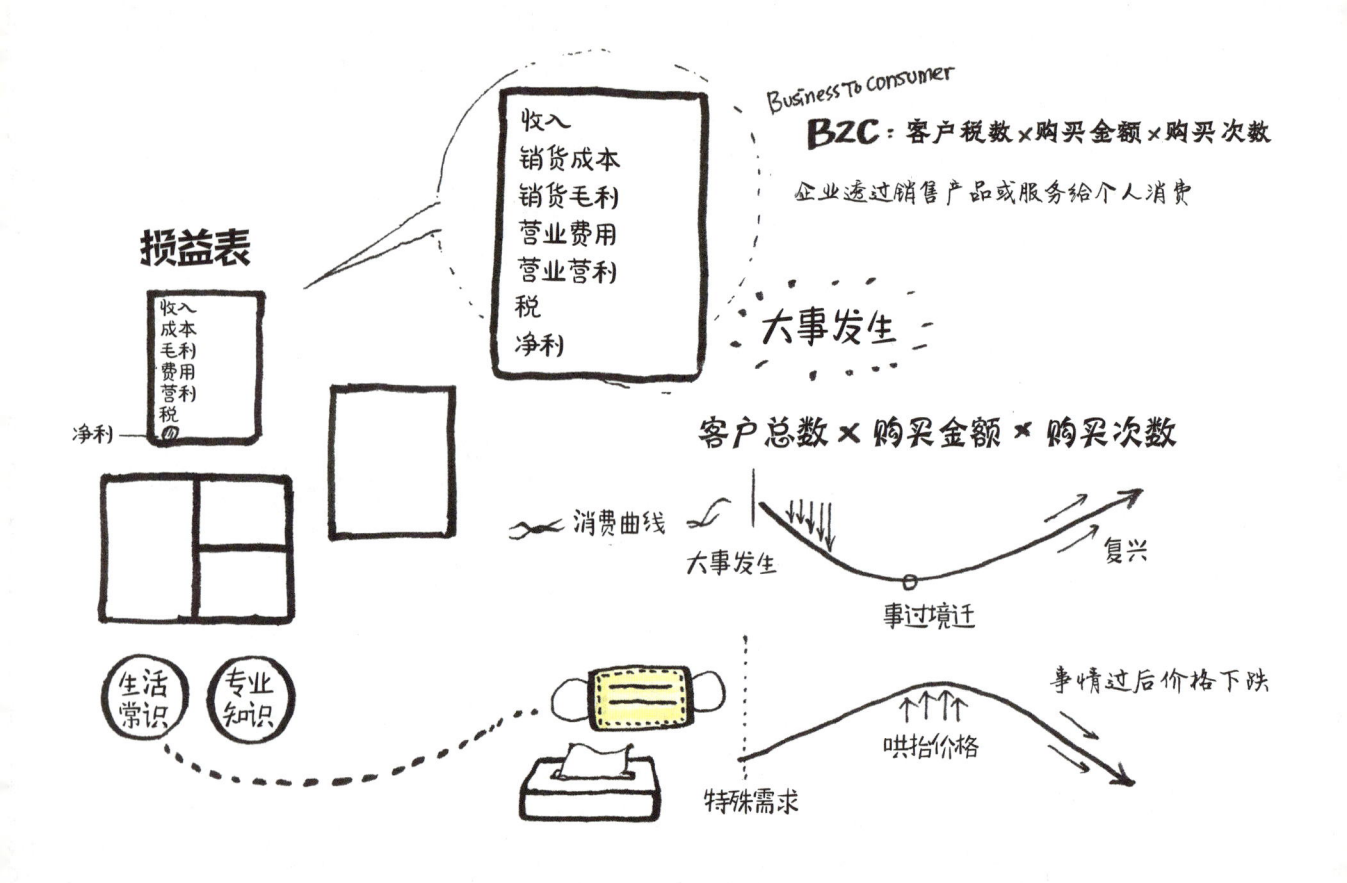

收入
销货成本
销货毛利
营业费用
营业营利
税
净利

Business To Consumer

B2C：客户总数 × 购买金额 × 购买次数

企业透过销售产品或服务给个人消费

大事发生

客户总数 × 购买金额 × 购买次数

消费曲线

大事发生 → 事过境迁 → 复兴

生活常识　专业知识

特殊需求

哄抬价格　事情过后价格下跌

心得笔记

损益表

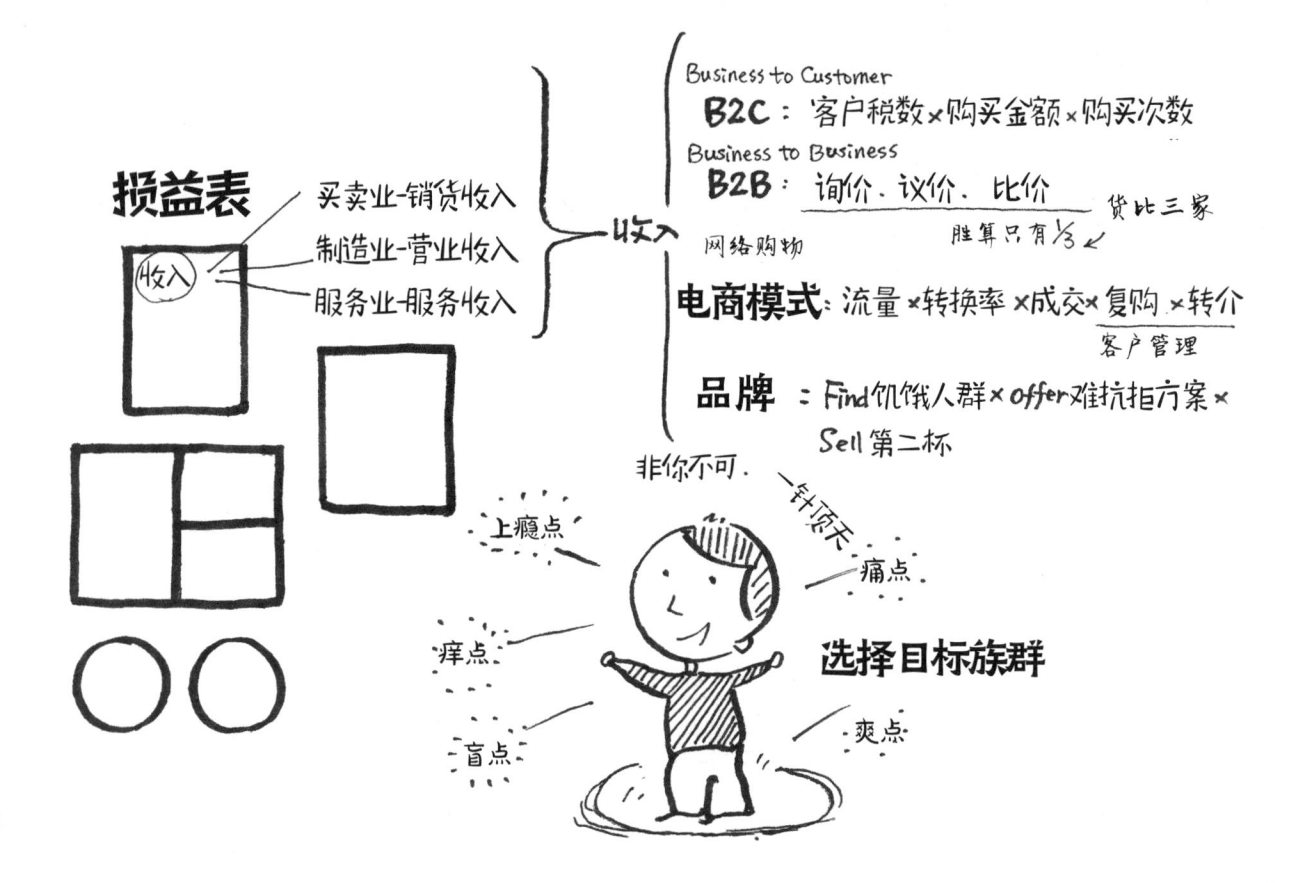

买卖业 - 销货收入
制造业 - 营业收入
服务业 - 服务收入

收入

Business to Customer
B2C：客户税数 × 购买金额 × 购买次数

Business to Business
B2B：询价、议价、比价 货比三家
网络购物　　　　　胜算只有 1/3

电商模式：流量 × 转换率 × 成交 × 复购 × 转介
　　　　　　　　　　　　　　　客户管理

品牌：Find 饥饿人群 × offer 难抗拒方案 × Sell 第二杯

非你不可．　　一针顶天
上瘾点　　　　　　　痛点
痒点
　　　　　　　　选择目标族群
盲点　　　　　　爽点

心得笔记

损益表（利润表）

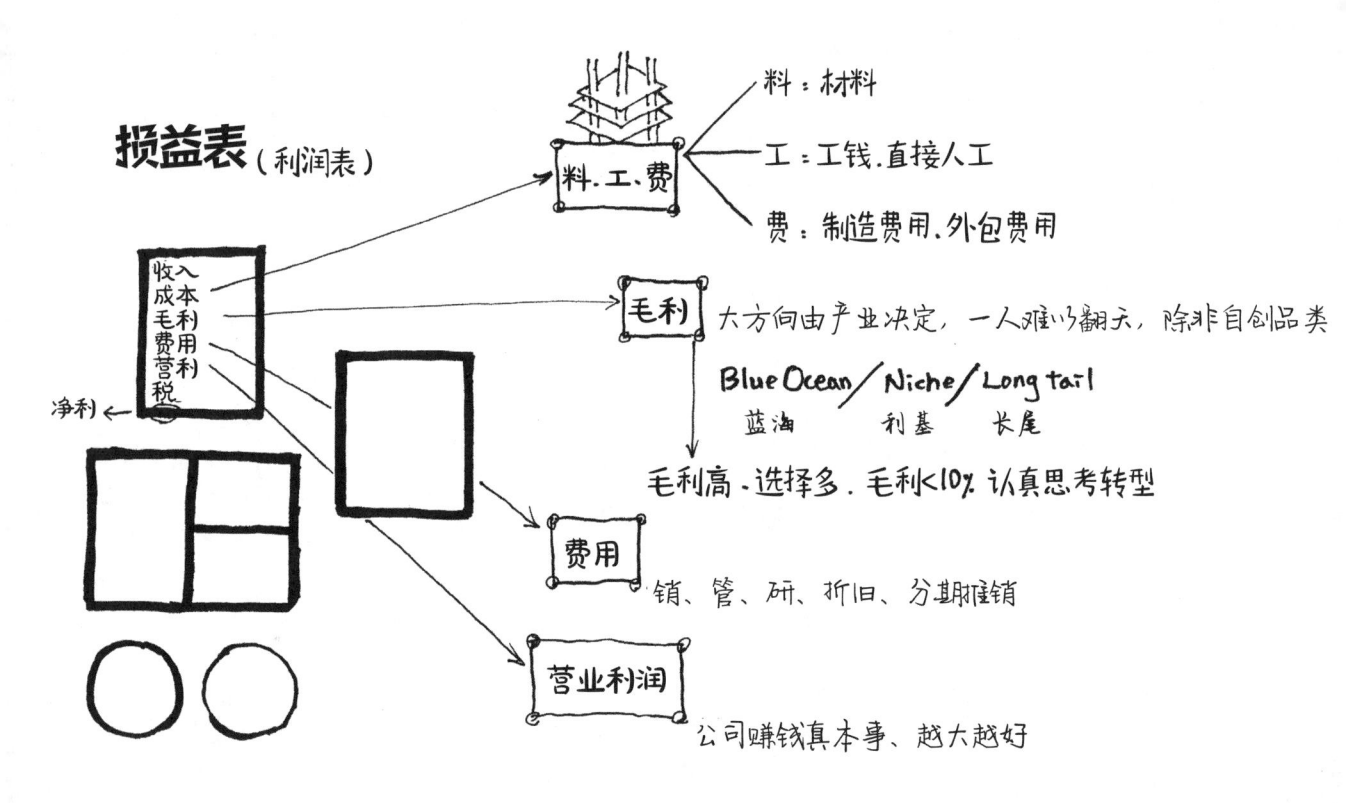

收入
成本
毛利
费用
营利
税

→ 净利

→ 料、工、费
- 料：材料
- 工：工钱、直接人工
- 费：制造费用、外包费用

→ 毛利
大方向由产业决定，一人难以翻天，除非自创品类

Blue Ocean / Niche / Long tail
　蓝海　　利基　　长尾

毛利高·选择多．毛利<10% 认真思考转型

→ 费用
销、管、研、折旧、分期摊销

→ 营业利润
公司赚钱真本事，越大越好

心得笔记

把产品卖给买方(公司/个体)

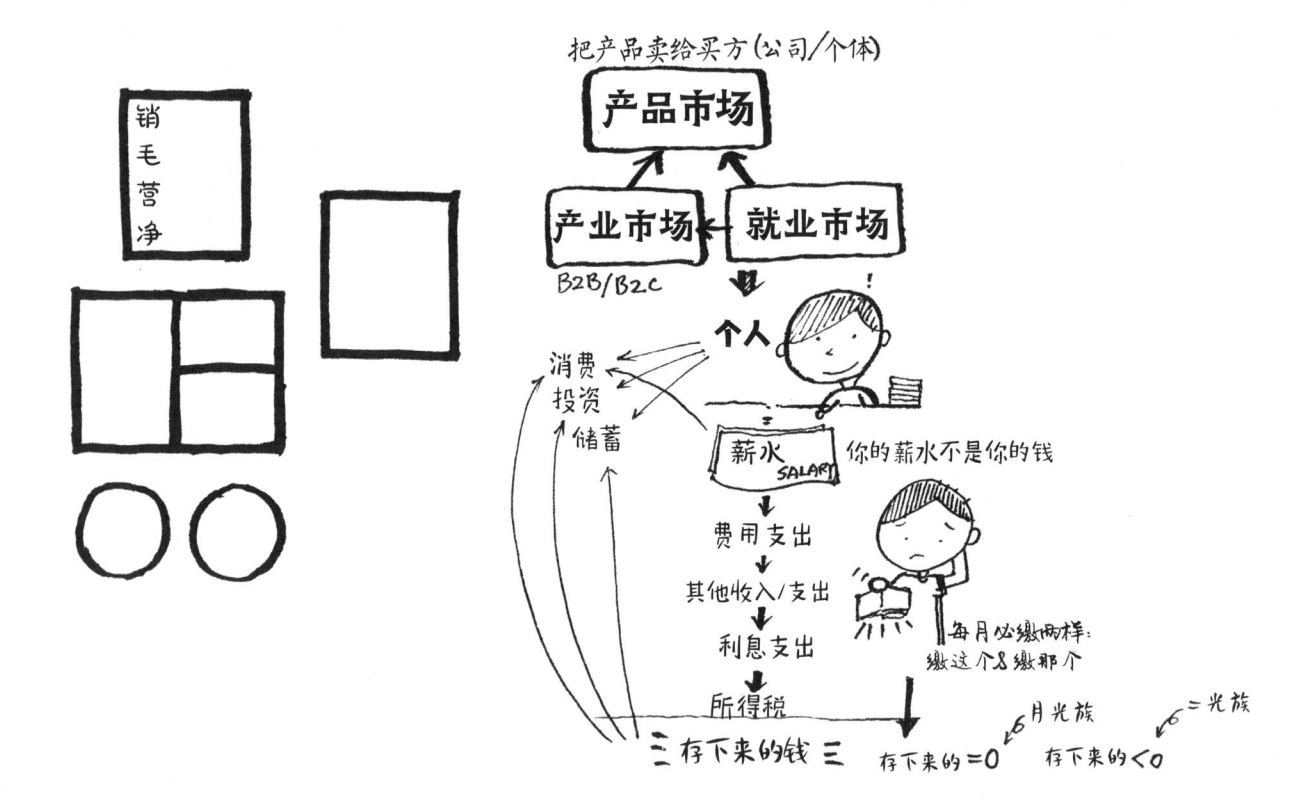

产品市场

产业市场 ← **就业市场**

B2B/B2C

个人

消费
投资
储蓄

薪水 SALARY — 你的薪水不是你的钱

费用支出

其他收入/支出

利息支出

所得税

每月必缴俩样:
缴这个 & 缴那个

= 存下来的钱 =

存下来的=0 → 月光族

存下来的<0 → =光族

销毛营净

心得笔记

企业经营效率

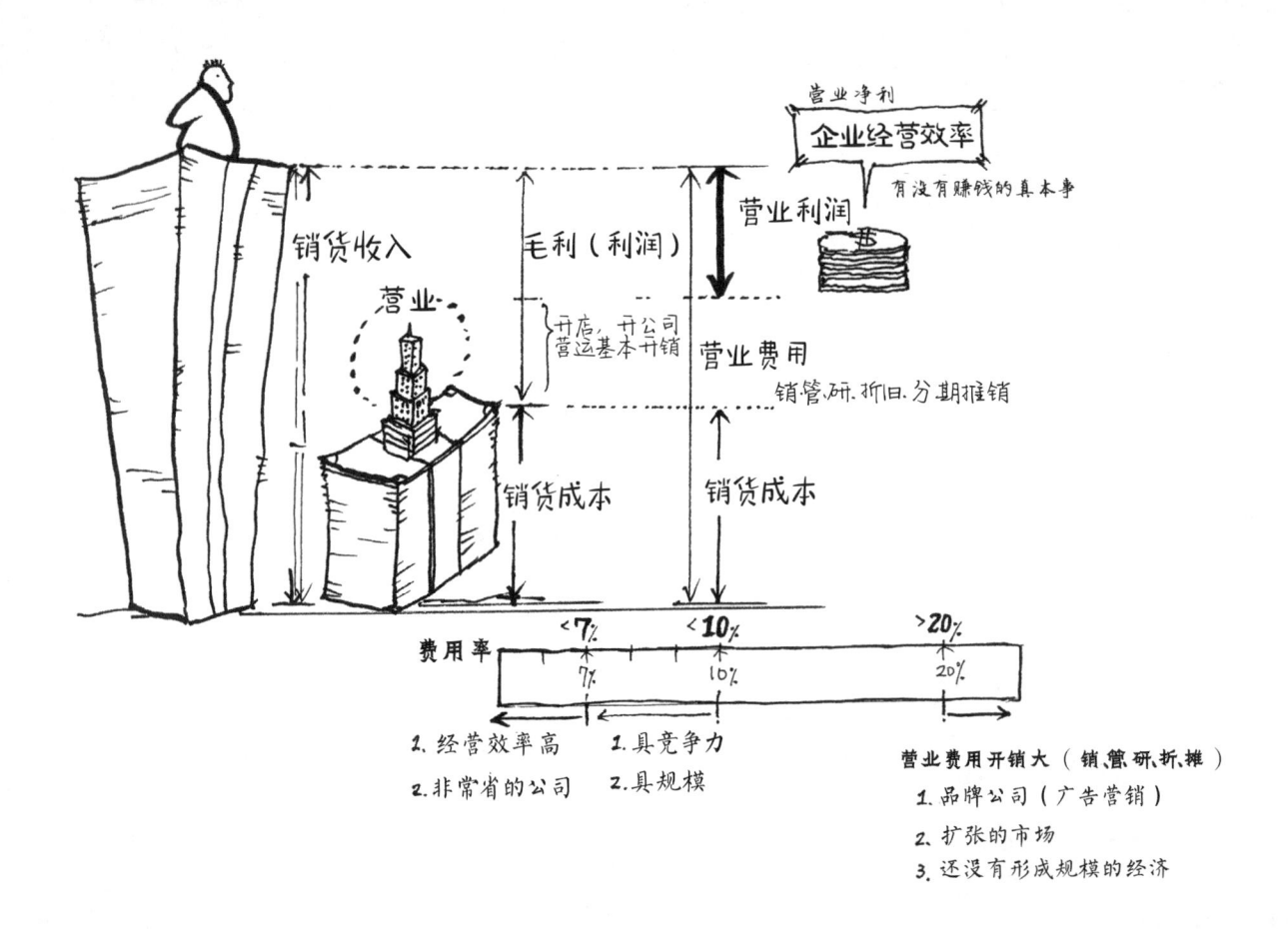

营业净利 — 有没有赚钱的真本事

- 销货收入
- 营业
- 毛利（利润）
- 营业利润
- 开店、开公司、营运基本开销
- 营业费用：销管研、折旧、分期摊销
- 销货成本

费用率

<7%	<10%	>20%
7%	10%	20%

左侧（<7%）：
1. 经营效率高
2. 非常省的公司

中间（<10%）：
1. 具竞争力
2. 具规模

右侧（>20%）营业费用开销大（销管研折摊）：
1. 品牌公司（广告营销）
2. 扩张的市场
3. 还没有形成规模的经济

心得笔记

损益表 INCOME STATEMENT

销货收入 − 销货成本 = 毛利

毛利 − 营业费用 = 营业利润

大方向由产业决定

不同产业管理模式本来就不同

相同产业的营业利益放在一起比才有意义

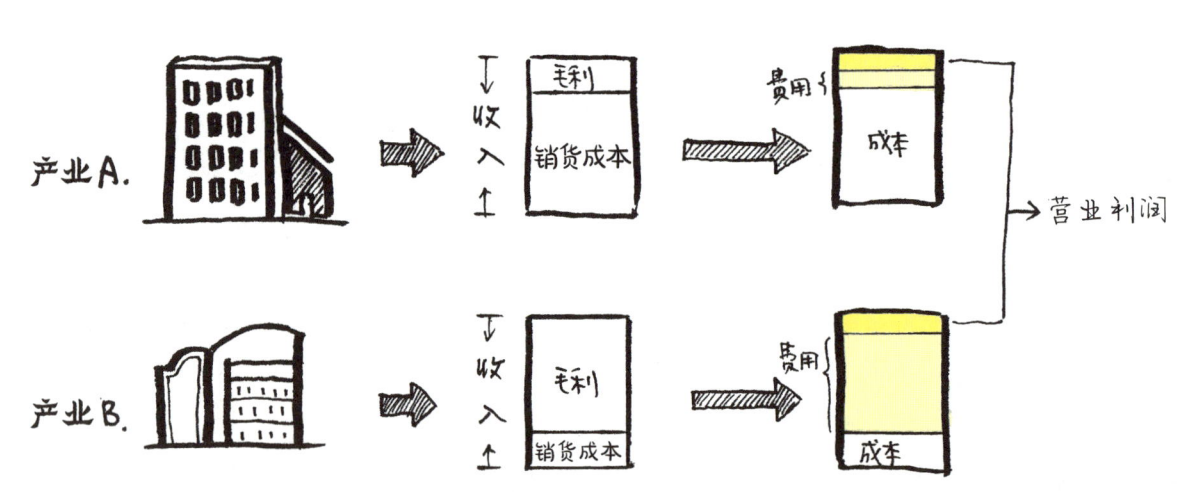

产业A. → 收入 ↓↑ 毛利 / 销货成本 → 费用 / 成本 → 营业利润

产业B. → 收入 ↓↑ 毛利 / 销货成本 → 费用 / 成本

心得笔记

损益表

- 销货收入
- 销货成本
- 销货毛利
- 营业费用
- EBIT
- 利息
- 税
- 净利

资产负债表

流动性（有形短期 → 无形长期）

资产	负债及股东权益
现金与约当现金	应付账款 (A/P)
应收账款 (A/R)	一年到期之长期负债
存货	长期负债
其他流动资产	其他长期负债
机械厂房设备	
土地	普通股股本
商业	资本公积
无形资产	保留盈余

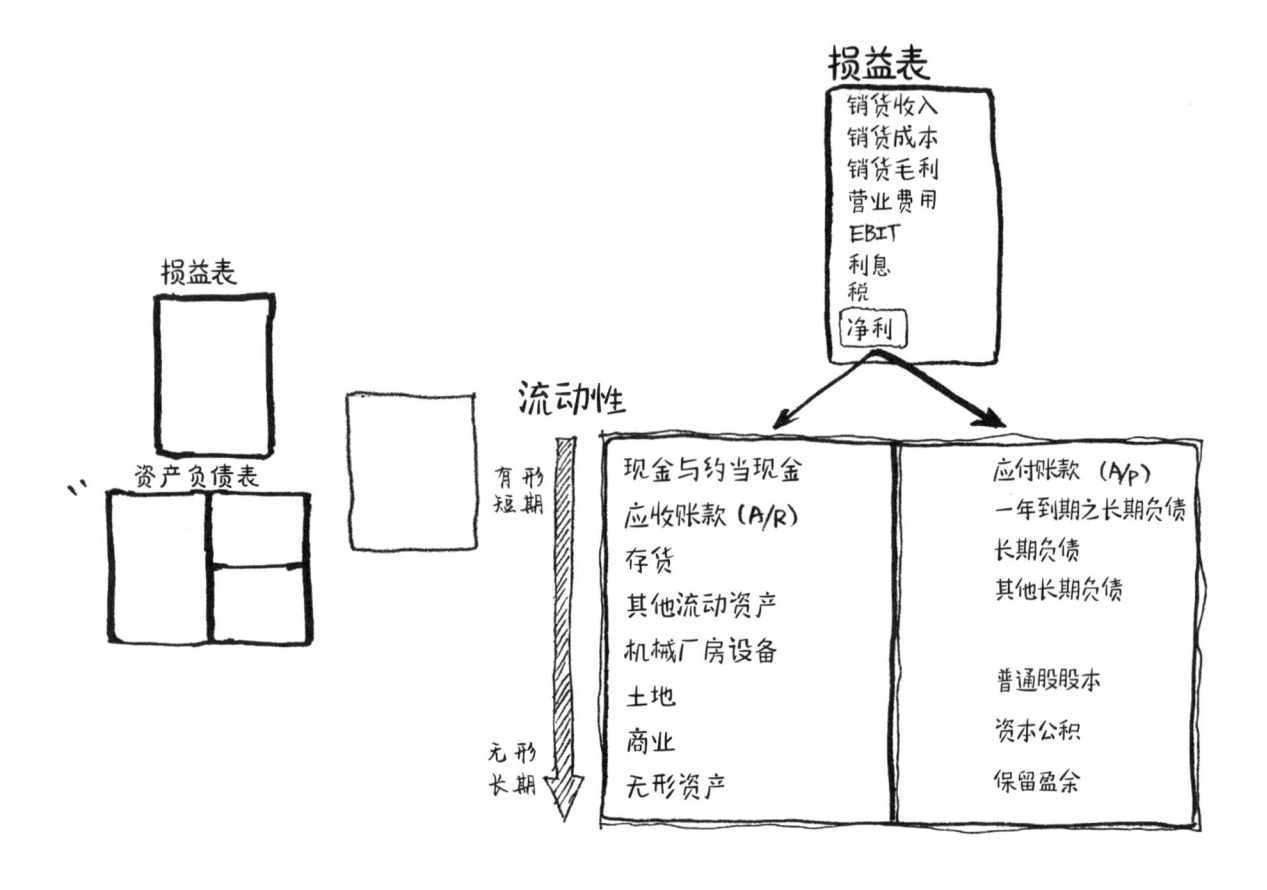

心得笔记

净利 NI

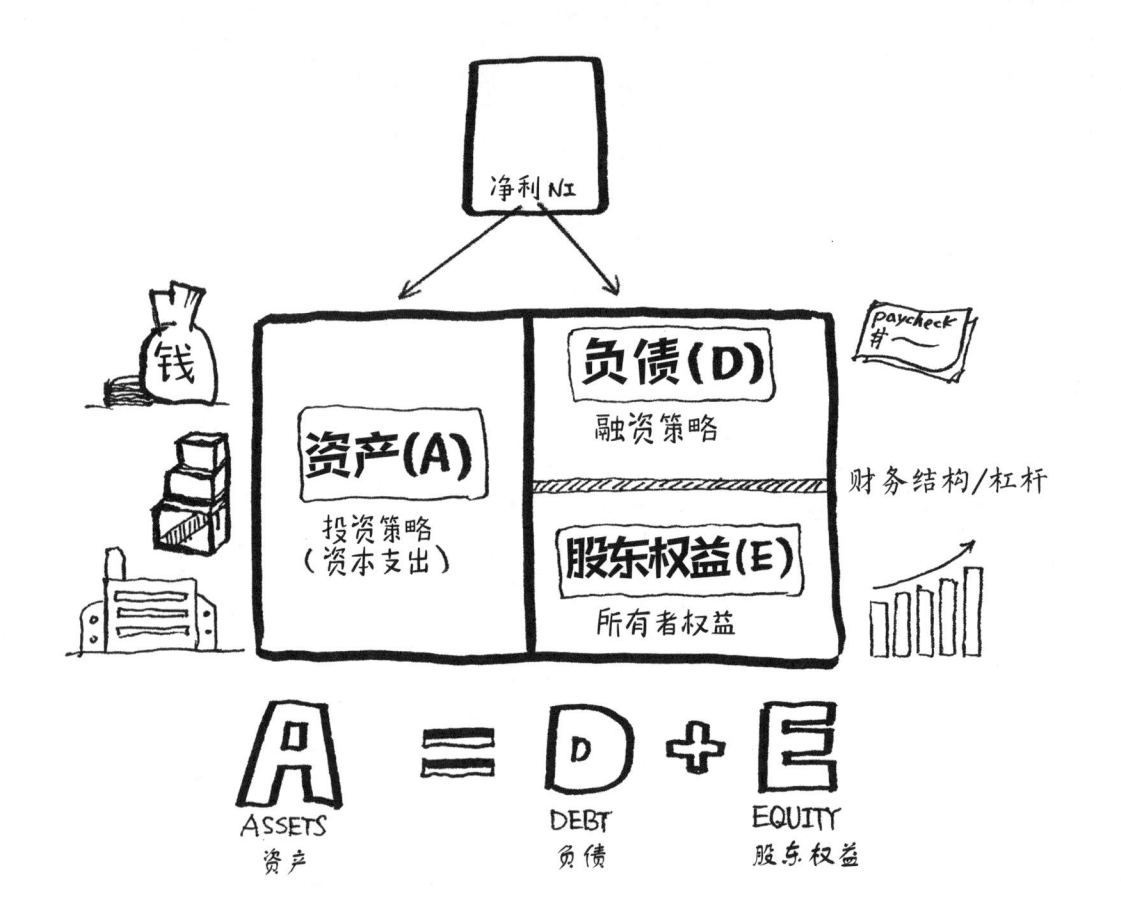

资产(A)
投资策略
（资本支出）

负债(D)
融资策略

股东权益(E)
所有者权益

财务结构/杠杆

钱　paycheck

$$A = D + E$$

ASSETS　DEBT　EQUITY
资产　　负债　　股东权益

心得笔记

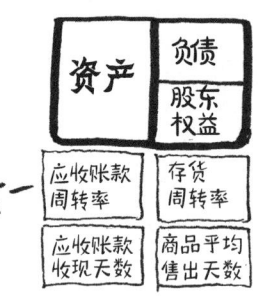

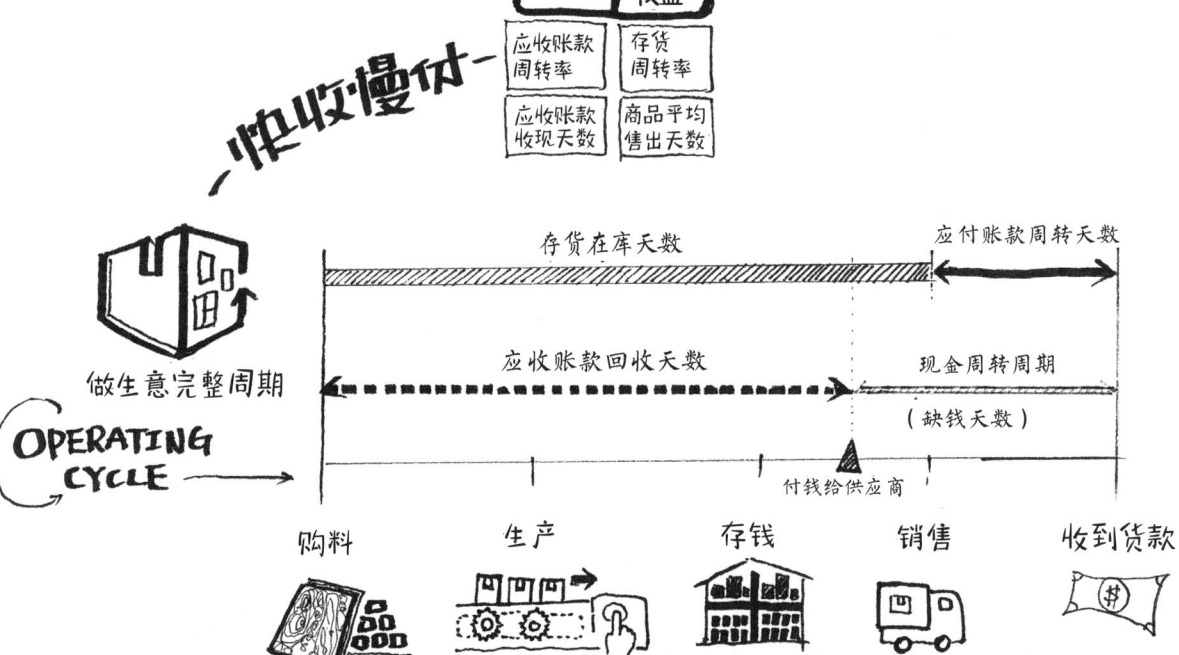

快收慢付

资产	负债
	股东权益

应收账款周转率	存货周转率
应收账款收现天数	商品平均售出天数

做生意完整周期 / OPERATING CYCLE

- 存货在库天数
- 应付账款周转天数
- 应收账款回收天数
- 现金周转周期（缺钱天数）
- 付钱给供应商

购料 → 生产 → 存钱 → 销售 → 收到货款

心得笔记

现金为王

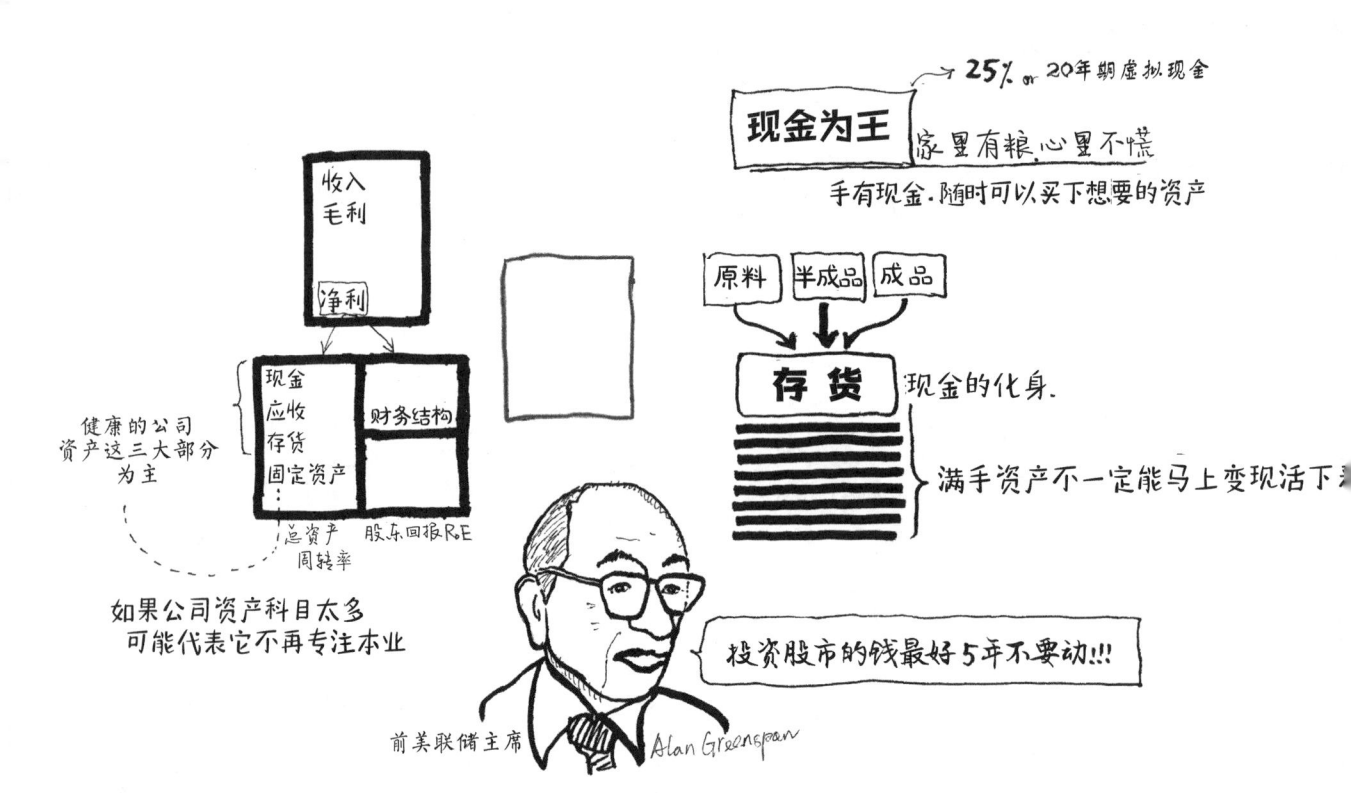

→ 25% or 20年期虚拟现金

家里有粮,心里不慌

手有现金,随时可以买下想要的资产

收入
毛利
净利

现金
应收
存货
固定资产 | 财务结构

总资产周转率 | 股东回报 ROE

健康的公司资产这三大部分为主

如果公司资产科目太多可能代表它不再专注本业

原料 | 半成品 | 成品
↓
存货 — 现金的化身.

满手资产不一定能马上变现活下去

投资股市的钱最好5年不要动!!!

前美联储主席 Alan Greenspan

心得笔记

财务报表24真言

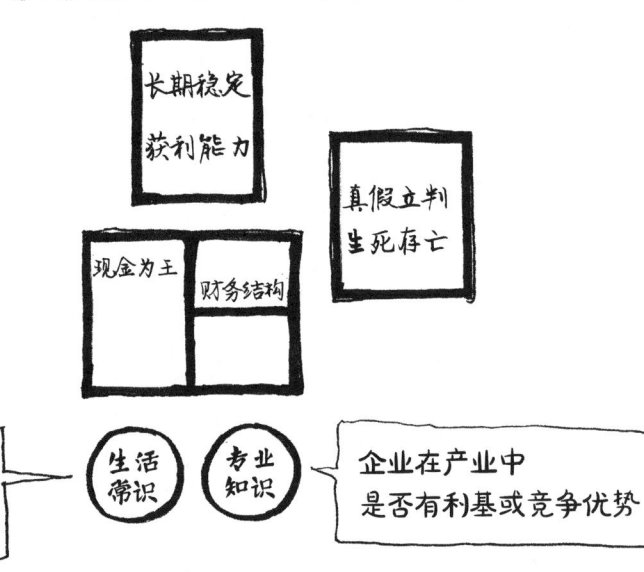

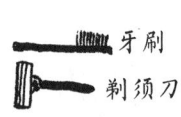

- 长期稳定获利能力
- 真假立判 生死存亡
- 现金为王
- 财务结构

生活常识：产品或服务是否为刚需、高频
- 生病就要看医师
- 日常消耗品
  - 牙刷
  - 剃须刀

专业知识：企业在产业中是否有利基或竞争优势

心得笔记

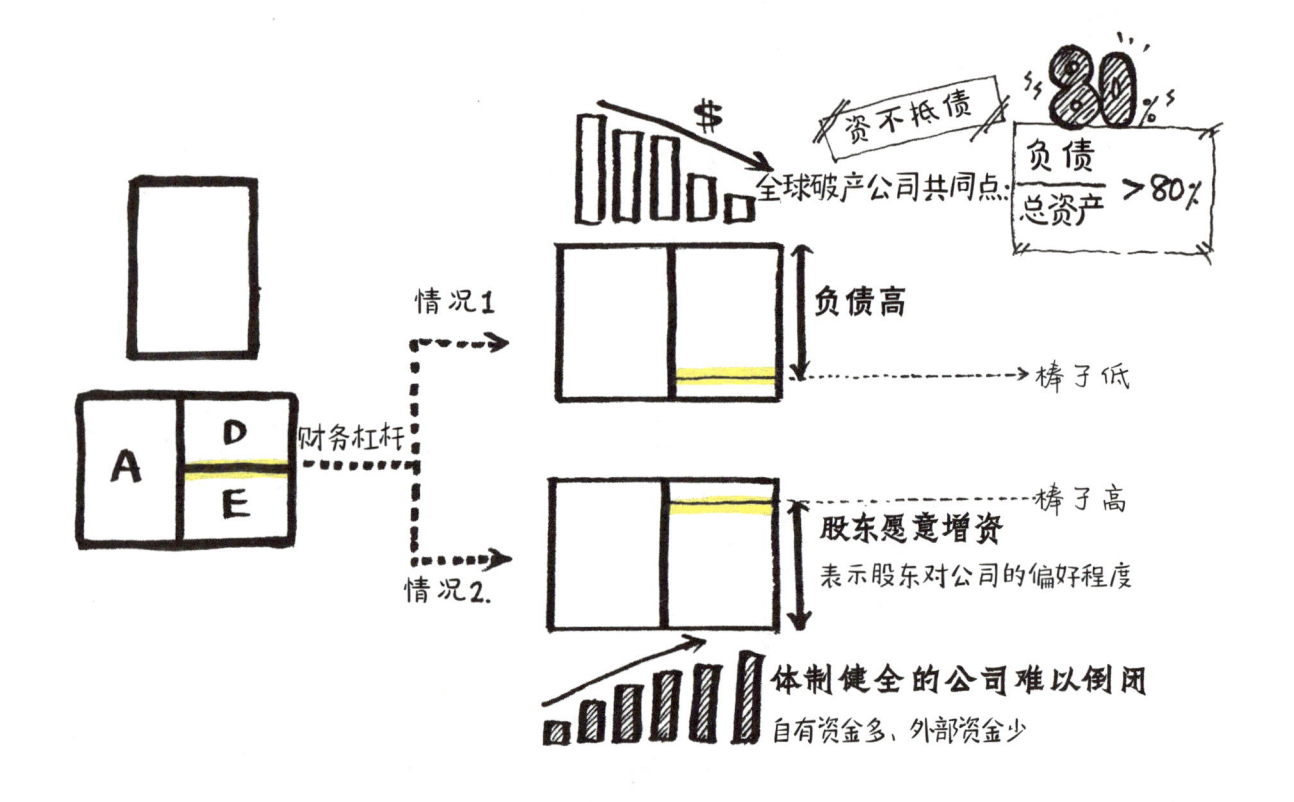

全球破产公司共同点：资不抵债 $\frac{负债}{总资产} > 80\%$

情况1 → 负债高，棒子低

财务杠杆

情况2 → 棒子高，股东愿意增资，表示股东对公司的偏好程度

体制健全的公司难以倒闭

自有资金多、外部资金少

心得笔记

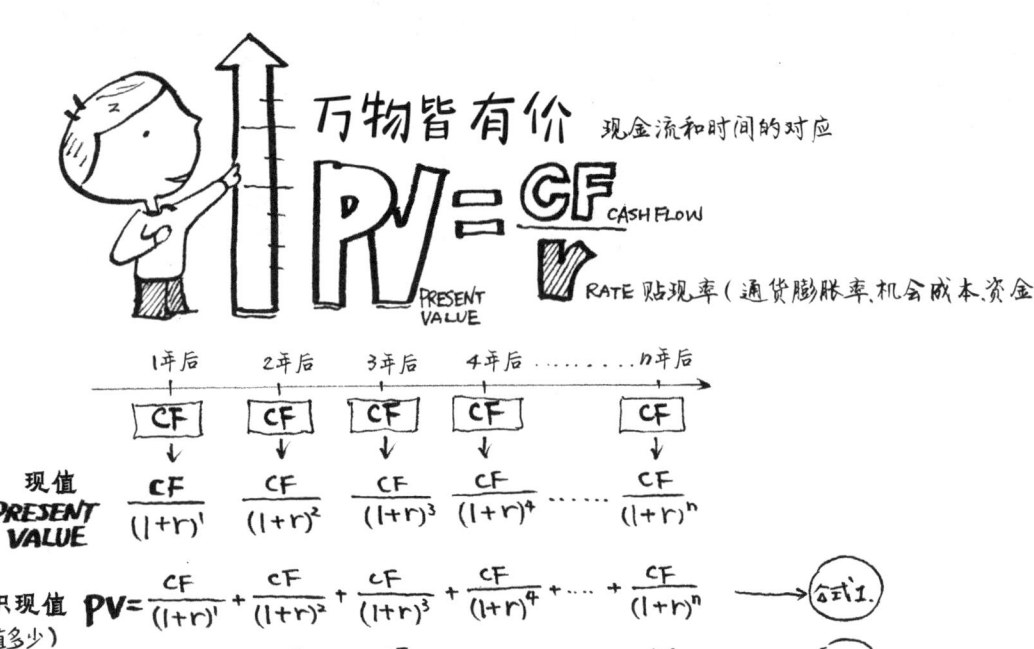

万物皆有价 现金流和时间的对应

$$PV = \frac{CF}{r}$$

PV = PRESENT VALUE
CF = CASH FLOW
r = RATE 贴现率（通货膨胀率、机会成本、资金成本）

	1年后	2年后	3年后	4年后	……	n年后
	CF	CF	CF	CF		CF

现值 PRESENT VALUE:

$$\frac{CF}{(1+r)^1} \quad \frac{CF}{(1+r)^2} \quad \frac{CF}{(1+r)^3} \quad \frac{CF}{(1+r)^4} \quad \cdots \quad \frac{CF}{(1+r)^n}$$

累积现值（现值多少）：

$$PV = \frac{CF}{(1+r)^1} + \frac{CF}{(1+r)^2} + \frac{CF}{(1+r)^3} + \frac{CF}{(1+r)^4} + \cdots + \frac{CF}{(1+r)^n} \quad \Rightarrow \text{公式1.}$$

$$PV \times (1+r) = CF + \frac{CF}{(1+r)^1} + \frac{CF}{(1+r)^2} + \frac{CF}{(1+r)^3} + \cdots + \frac{CF}{(1+r)^{n-1}} \quad \Rightarrow \text{公式2.}$$

公式2 − 公式1 ⇒

$$PV \times (1+r) - PV = CF - \frac{CF}{(1+r)^n} \quad \Rightarrow \text{公式3.}$$

当时间过去很久 $\frac{CF}{(1+r)^n} \to 0$ ($n \to \infty$)

$$PV \times (1+r) - PV = CF \Rightarrow PV \cdot r = CF \Rightarrow \boxed{PV = \frac{CF}{r}}$$

心得笔记

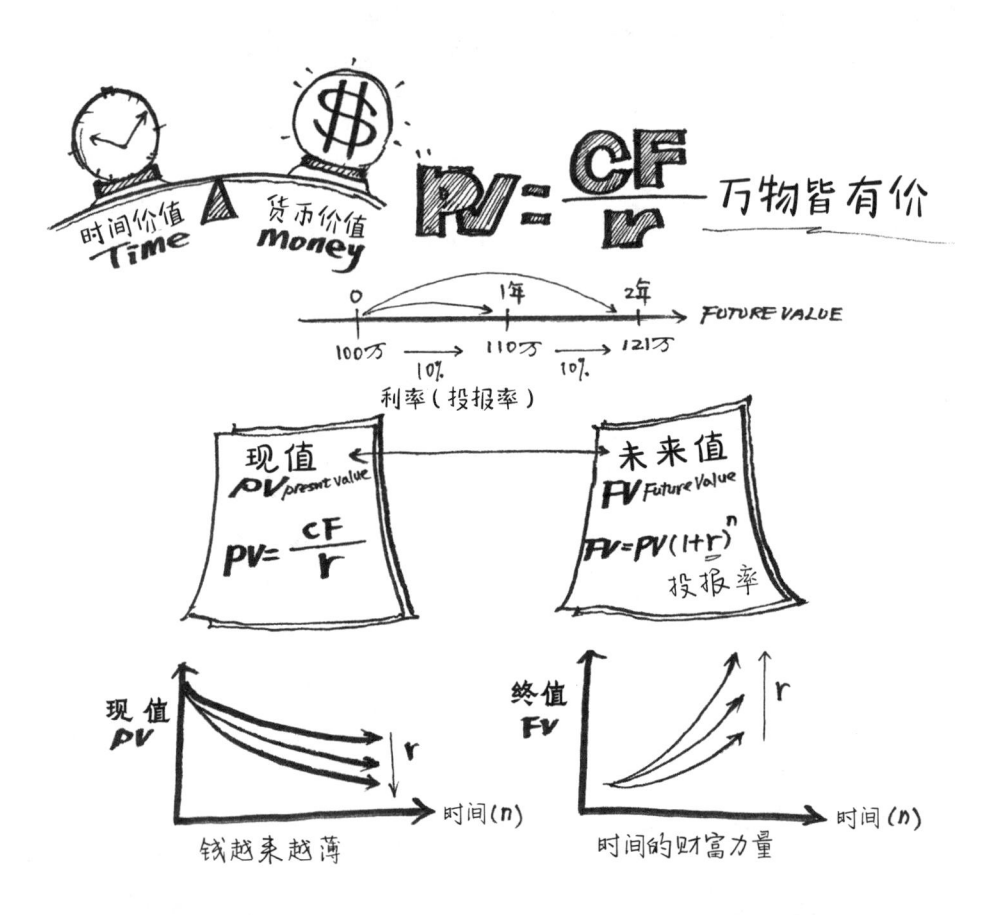

万物皆有价

时间价值 Time　　货币价值 Money

$$PV = \frac{CF}{r}$$

0 —— 1年 —— 2年　FUTURE VALUE
100万 —(10%)→ 110万 —(10%)→ 121万

利率（投报率）

现值 PV present value

$$PV = \frac{CF}{r}$$

未来值 FV Future Value

$$FV = PV(1+r)^n$$

投报率

现值 PV ↓r ——时间(n)
钱越来越薄

终值 FV ↑r ——时间(n)
时间的财富力量

心得笔记

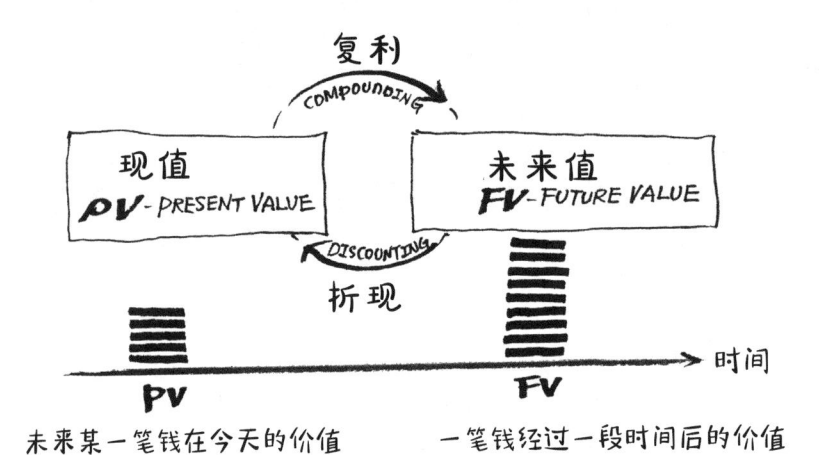

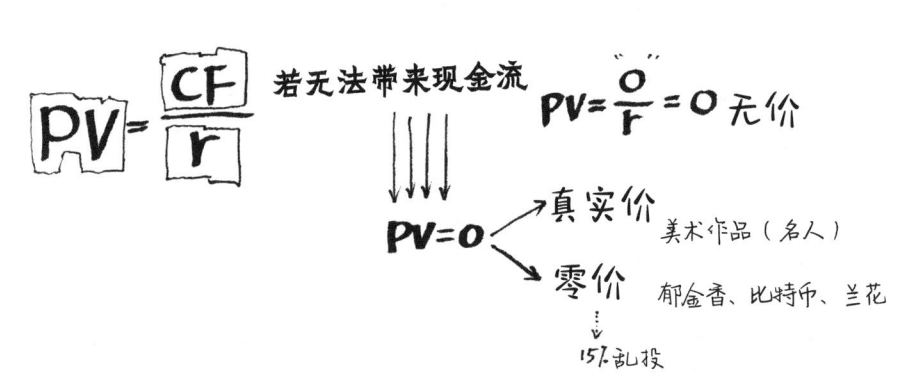

复利 COMPOUNDING

现值 **PV** - PRESENT VALUE

未来值 **FV** - FUTURE VALUE

DISCOUNTING 折现

PV ——— FV ——→ 时间

未来某一笔钱在今天的价值   一笔钱经过一段时间后的价值

$$PV = \frac{CF}{r}$$

若无法带来现金流 $PV = \frac{0}{r} = 0$ 无价

⇓⇓⇓⇓

$PV = 0$ → 真实价   美术作品（名人）

→ 零价   郁金香、比特币、兰花

⋮

15不乱投

心得笔记

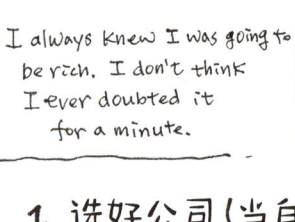

I always knew I was going to be rich. I don't think I ever doubted it for a minute.

没有人想慢慢变富

1. 选好公司（当自己的CEO）
2. 不会破产的公司
3. 长期稳定获利能力
4. 定期定额 持之以恒
5. 单一公司 投资组合

复利的时间加速威力

时间

心得笔记

营业活动现金流量表解析

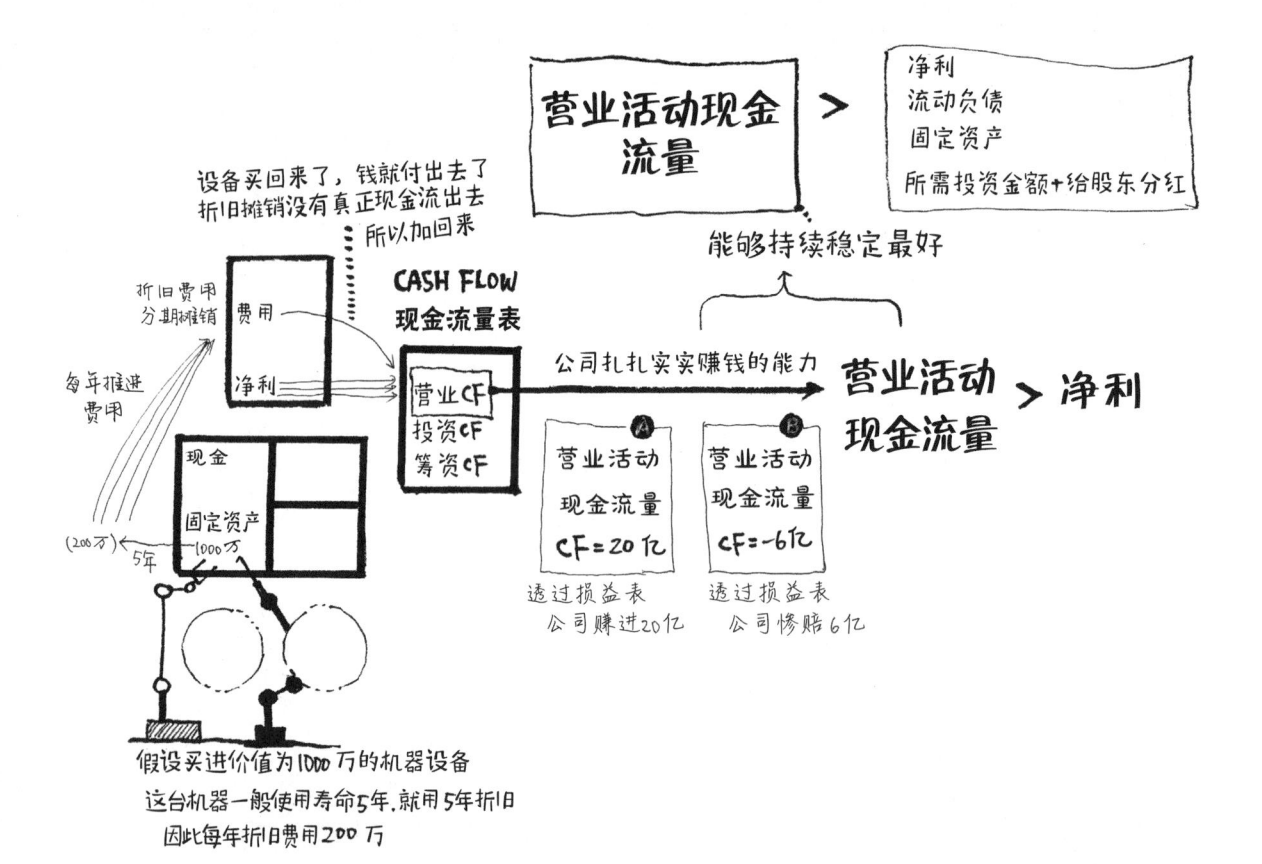

营业活动现金流量 >
- 净利
- 流动负债
- 固定资产
- 所需投资金额 + 给股东分红

设备买回来了，钱就付出去了
折旧摊销没有真正现金流出去
所以加回来

能够持续稳定最好

CASH FLOW 现金流量表

费用（折旧费用、分期摊销）
净利

每年推进费用

→ 营业CF
　 投资CF
　 筹资CF

公司扎扎实实赚钱的能力 → **营业活动现金流量 > 净利**

现金 ｜
固定资产 1000万 ｜
(200万) 5年

假设买进价值为1000万的机器设备
这台机器一般使用寿命5年，就5年折旧
因此每年折旧费用200万

A 营业活动现金流量 CF = 20亿
透过损益表 公司赚进20亿

B 营业活动现金流量 CF = -6亿
透过损益表 公司惨赔6亿

心得笔记

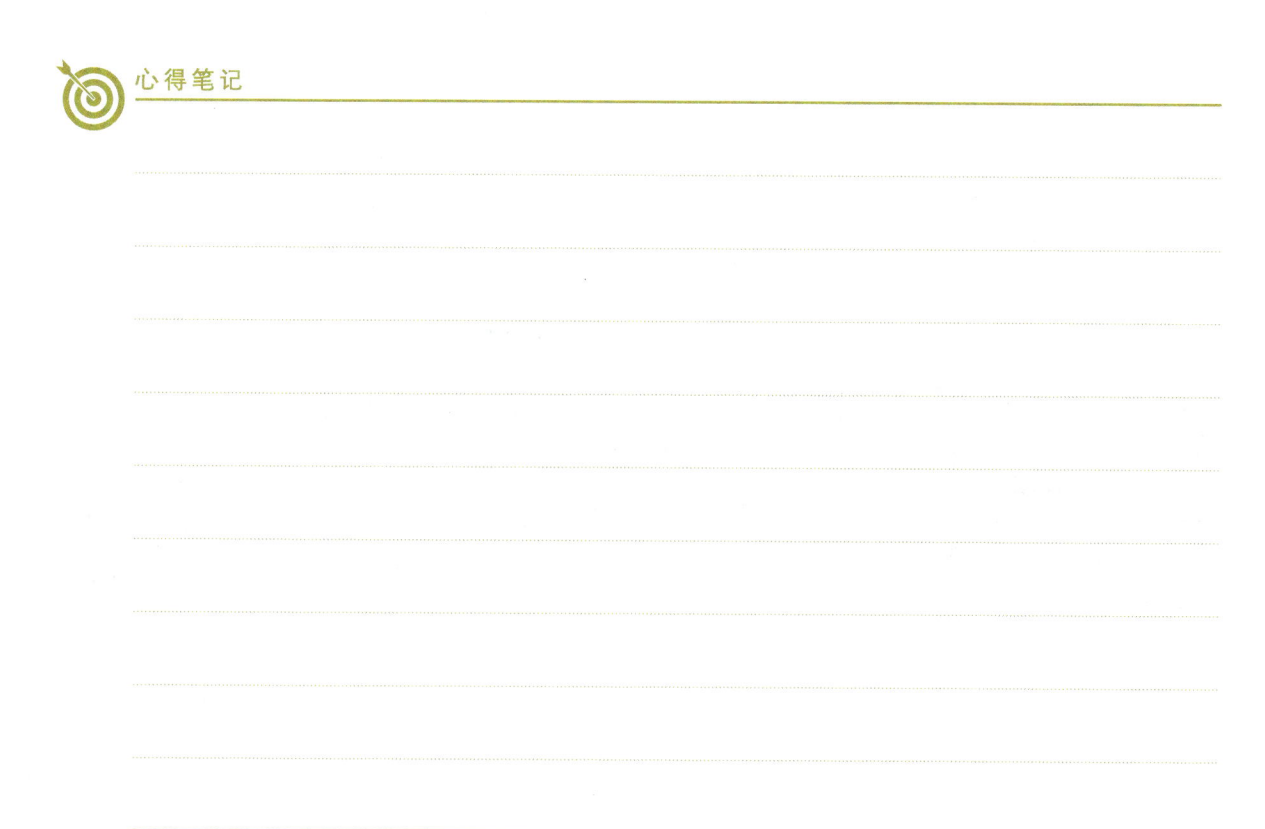

净利	
现金	财务结构
固定资产	

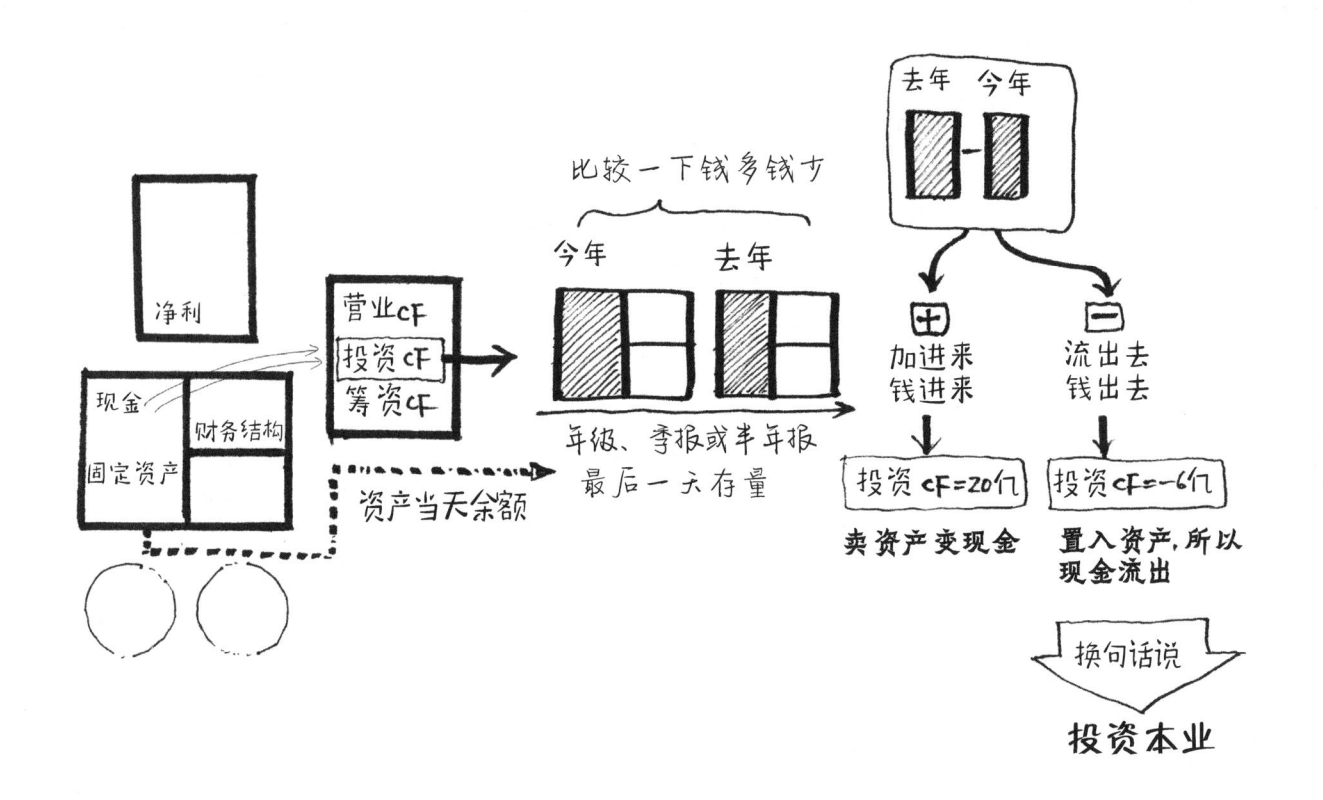

营业CF
投资CF
筹资CF

资产当天余额

比较一下钱多钱少

今年 | 去年

年报、季报或半年报
最后一天存量

去年 今年

↓ ↓
⊞ 加进来 钱进来 | ⊟ 流出去 钱出去

投资CF=20↑ | 投资CF=-6↑

卖资产变现金 | 置入资产，所以现金流出

⇩ 换句话说

投资本业

心得笔记

	今年 去年
净利	

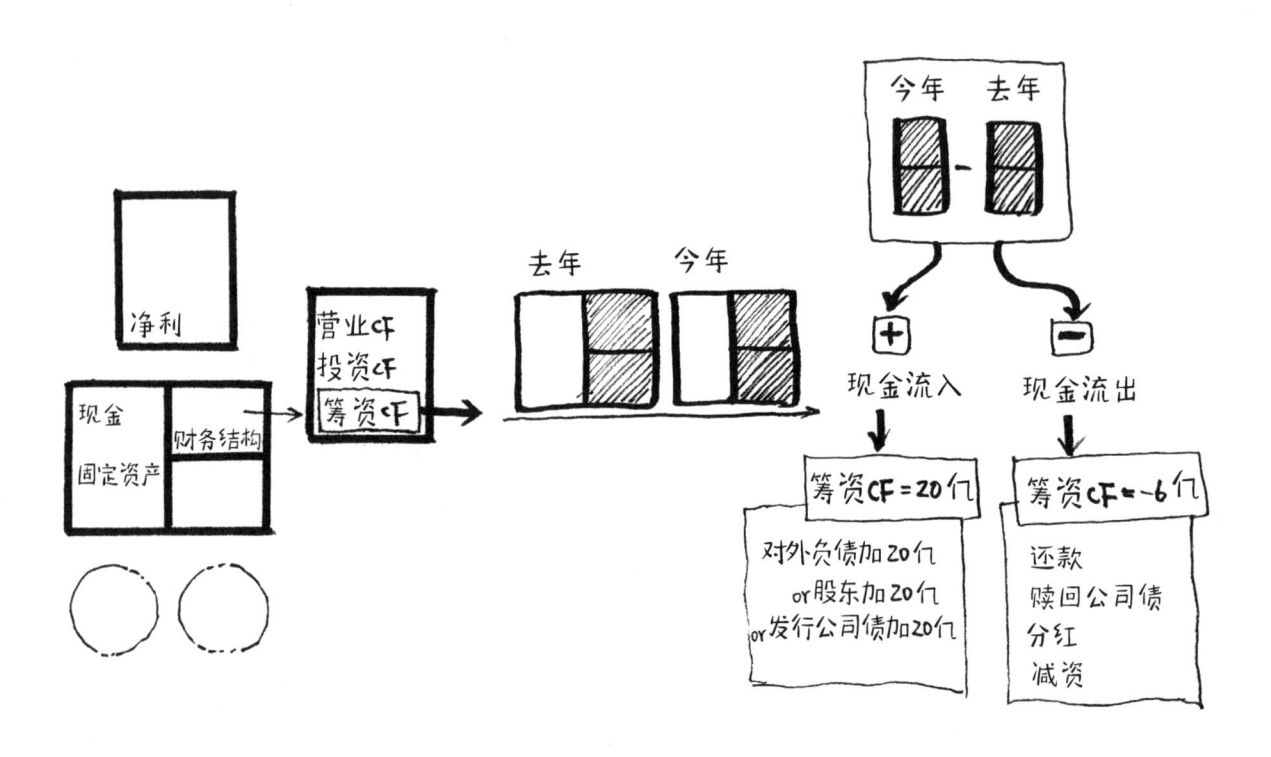

现金 | 财务结构
固定资产 |

营业CF
投资CF
筹资CF

去年　今年

今年 − 去年 → ⊕ 现金流入 / ⊖ 现金流出

筹资CF = 20亿
- 对外负债加20亿
- or 股东加20亿
- or 发行公司债加20亿

筹资CF = −6亿
- 还款
- 赎回公司债
- 分红
- 减资

心得笔记

现金流量表

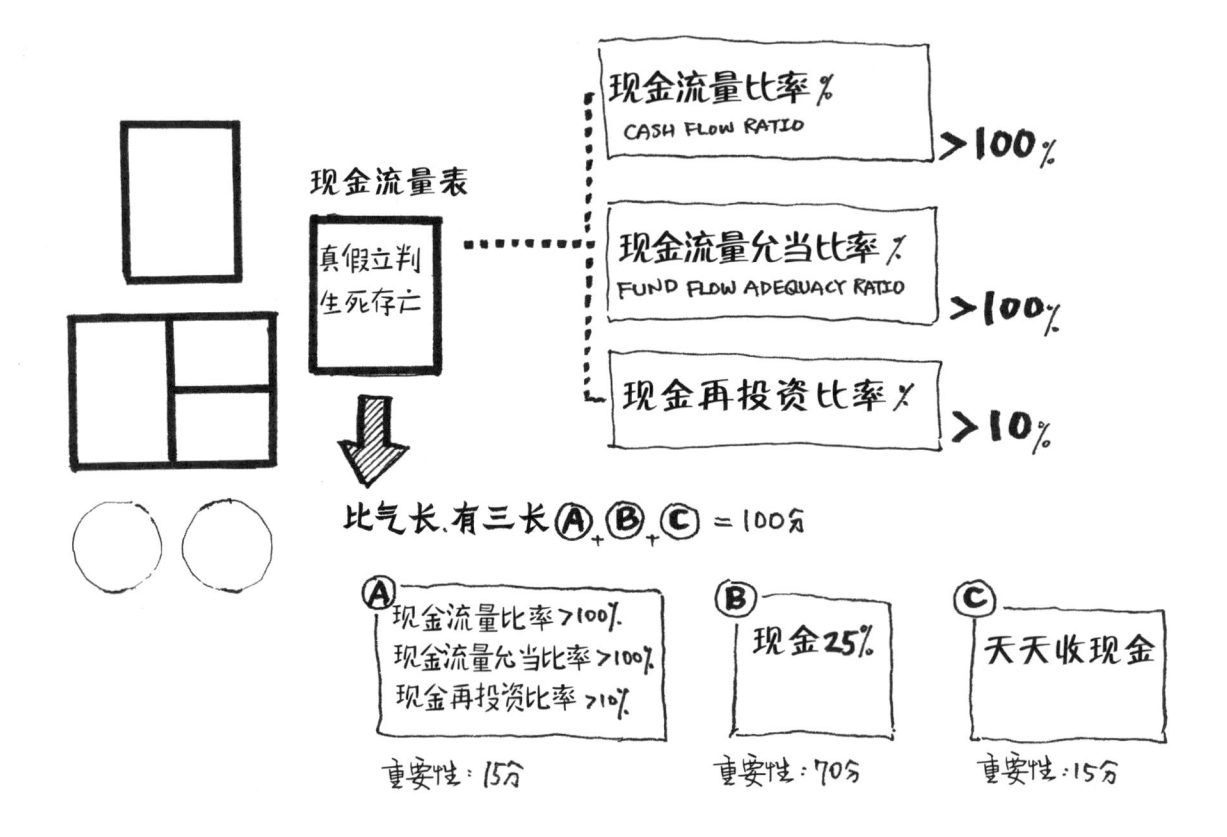

真假立判
生死存亡

- 现金流量比率 % CASH FLOW RATIO >100%
- 现金流量允当比率 % FUND FLOW ADEQUACY RATIO >100%
- 现金再投资比率 % >10%

比气长,有三长 Ⓐ + Ⓑ + Ⓒ = 100分

Ⓐ 现金流量比率 >100%
现金流量允当比率 >100%
现金再投资比率 >10%

重要性:15分

Ⓑ 现金 25%

重要性:70分

Ⓒ 天天收现金

重要性:15分

心得笔记

商业模式
（如何赚钱的逻辑）

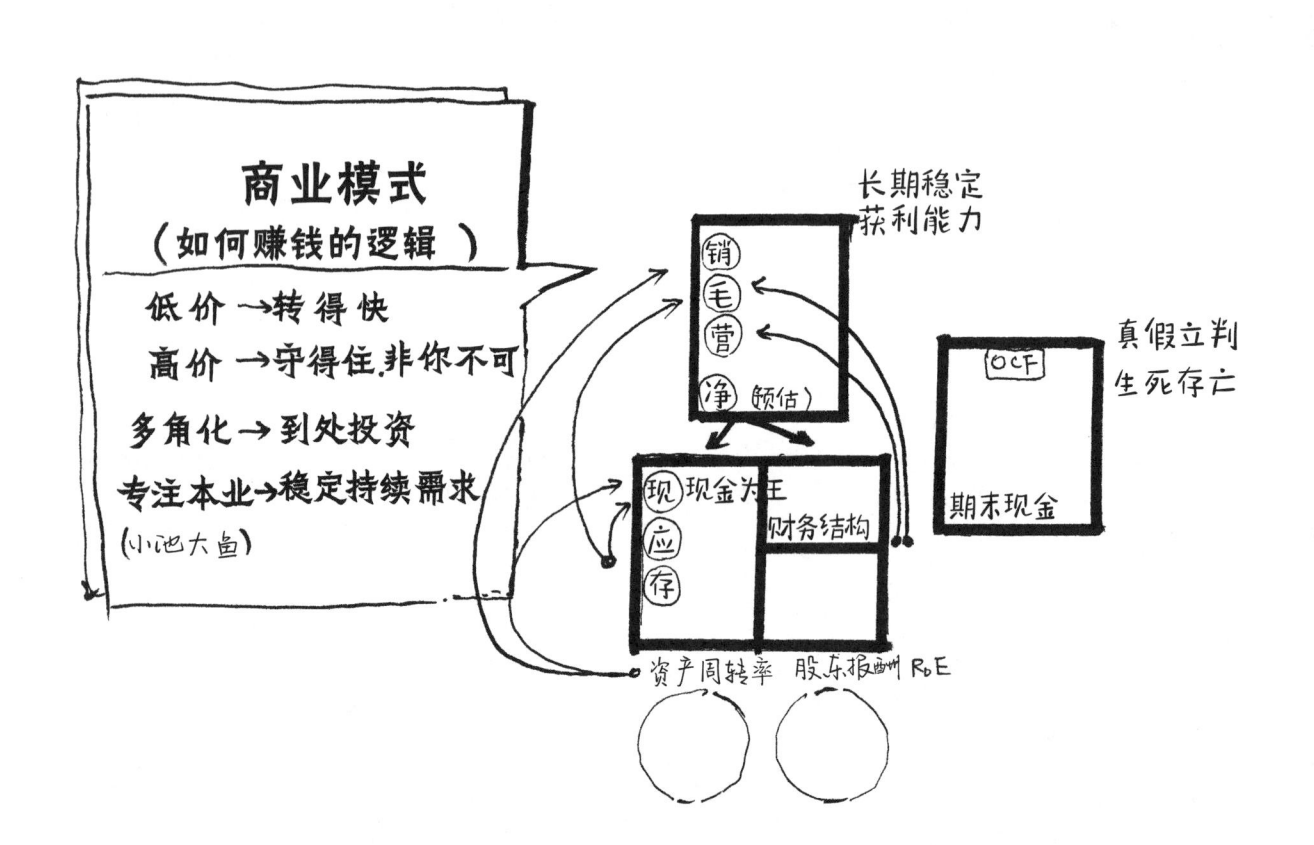

- 低价 → 转得快
- 高价 → 守得住,非你不可
- 多角化 → 到处投资
- 专注本业 → 稳定持续需求

（小池大鱼）

长期稳定获利能力

销
毛
营
净 （预估）

现金为王
现
应
存
财务结构

资产周转率　股东报酬 ROE

真假立判
生死存亡

OCF

期末现金

心得笔记

损益表

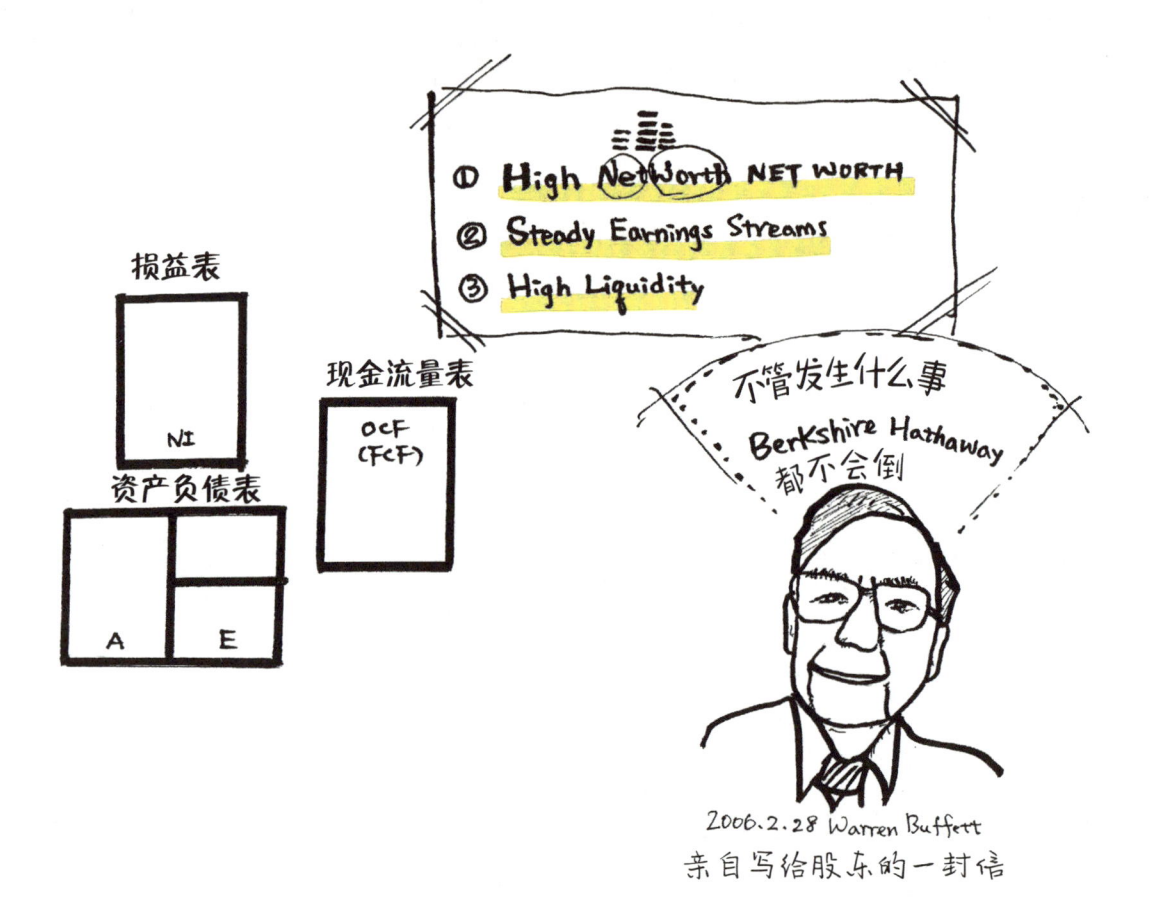

NI

资产负债表

A | E

现金流量表

OCF (FCF)

① High ~~NetWorth~~ NET WORTH
② Steady Earnings Streams
③ High Liquidity

不管发生什么事 Berkshire Hathaway 都不会倒

2006.2.28 Warren Buffett 亲自写给股东的一封信

心得笔记

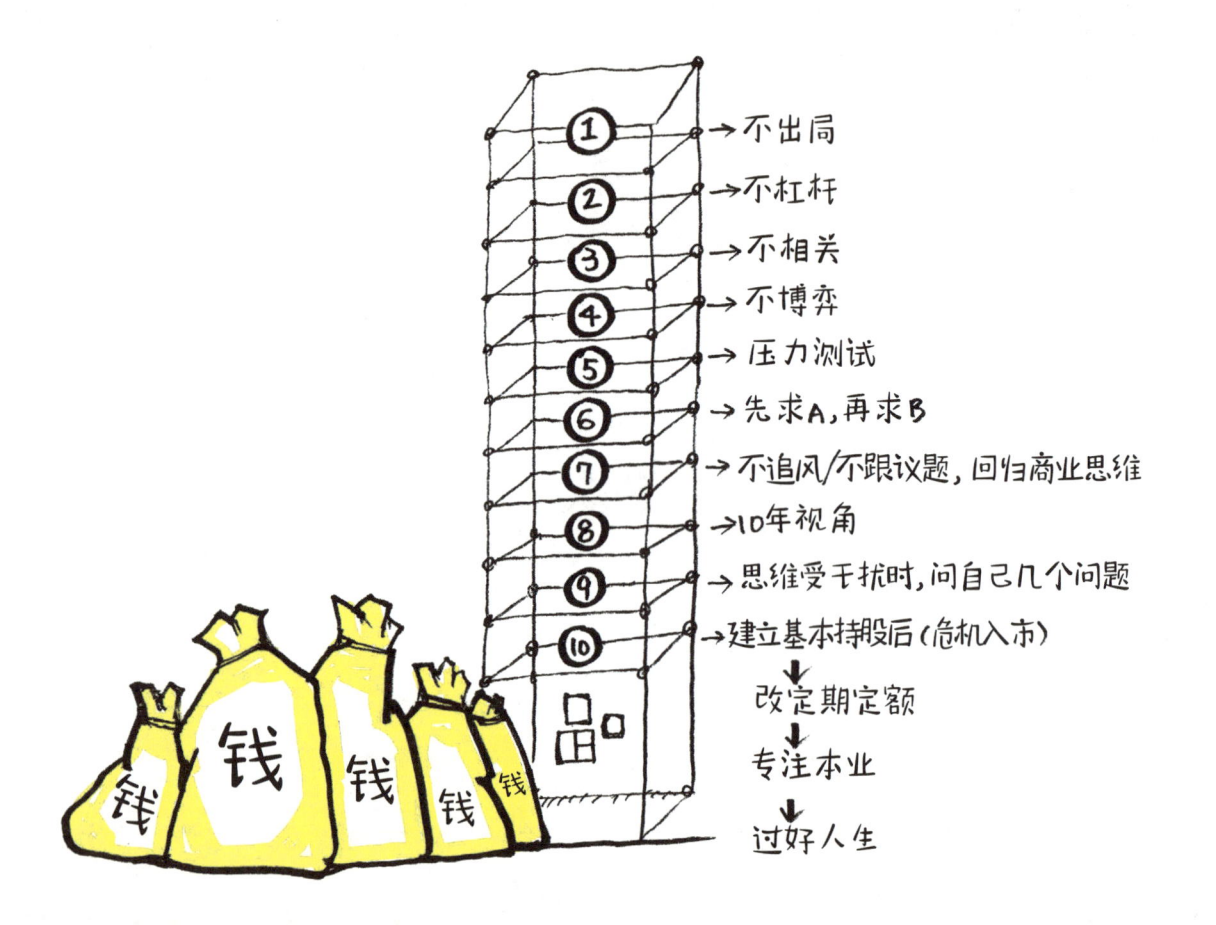

1. → 不出局
2. → 不杠杆
3. → 不相关
4. → 不博弈
5. → 压力测试
6. → 先求A，再求B
7. → 不追风/不跟议题，回归商业思维
8. → 10年视角
9. → 思维受干扰时，问自己几个问题
10. → 建立基本持股后（危机入市）
    ↓
改定期定额
    ↓
专注本业
    ↓
过好人生

心得笔记

损益表

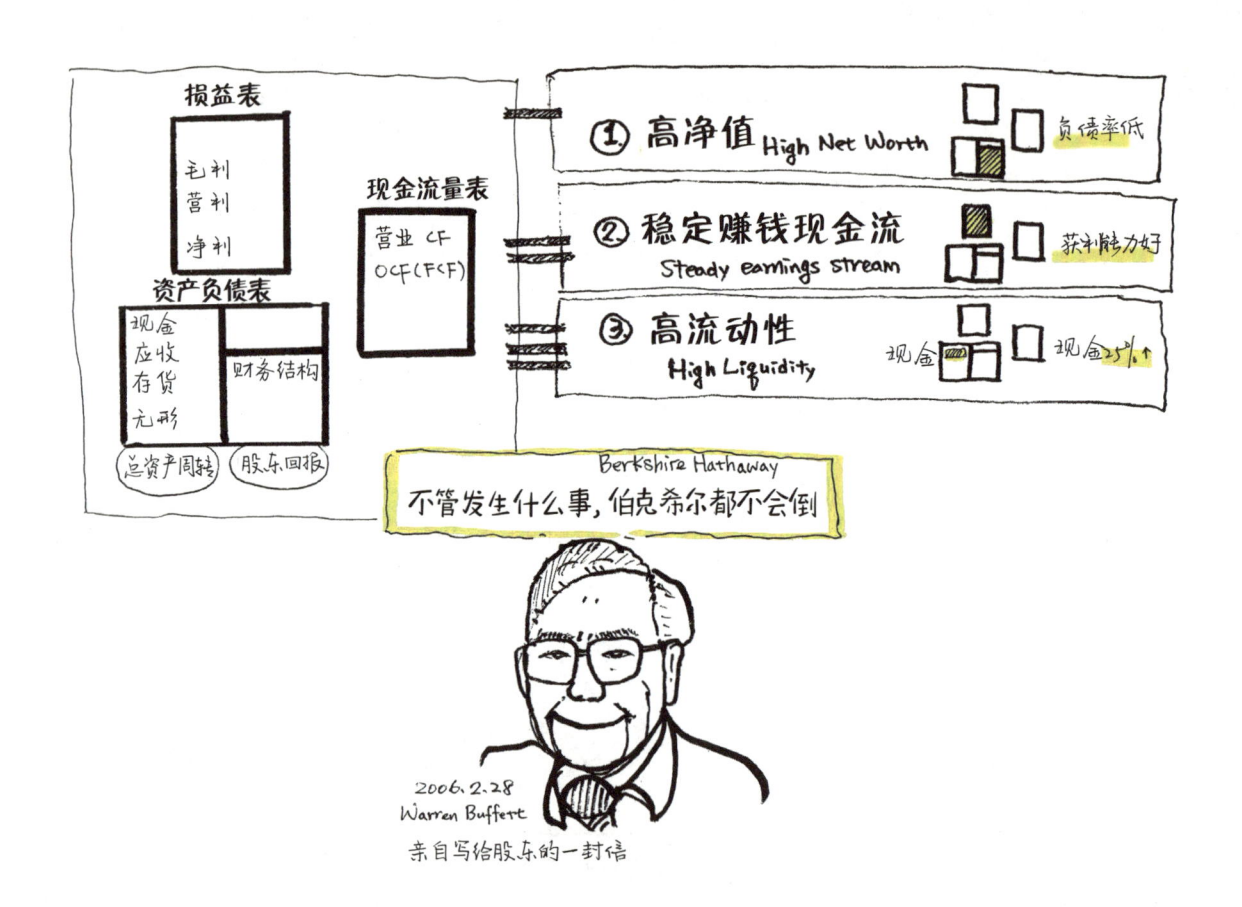

- 毛利
- 营利
- 净利

现金流量表

- 营业 CF
- OCF (FCF)

资产负债表

- 现金
- 应收
- 存货
- 无形
- 财务结构

（总资产周转）（股东回报）

① **高净值** High Net Worth — 负债率低

② **稳定赚钱现金流** Steady earnings stream — 获利能力好

③ **高流动性** High Liquidity — 现金 / 现金 25%↑

Berkshire Hathaway
不管发生什么事，伯克希尔都不会倒

2006.2.28
Warren Buffett
亲自写给股东的一封信

心得笔记

世界上的投资只分成3种

Charlie Munger

不知道可不可以投

可以投资　　不可以投资

心得笔记

保本、保利、核心价值

第一法则是不要赔钱，第二法则是不要忘了第一法则

WARREN BUFFETT...

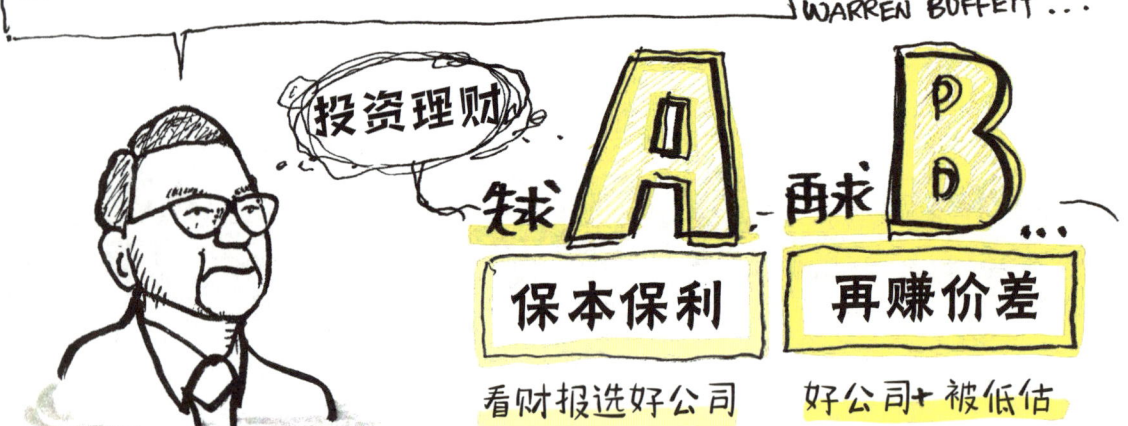

投资理财

先求 **A** —— 再求 **B** ...

保本保利	再赚价差
看财报选好公司	好公司 + 被低估

心得笔记

别人恐惧时
你要赶快贪婪

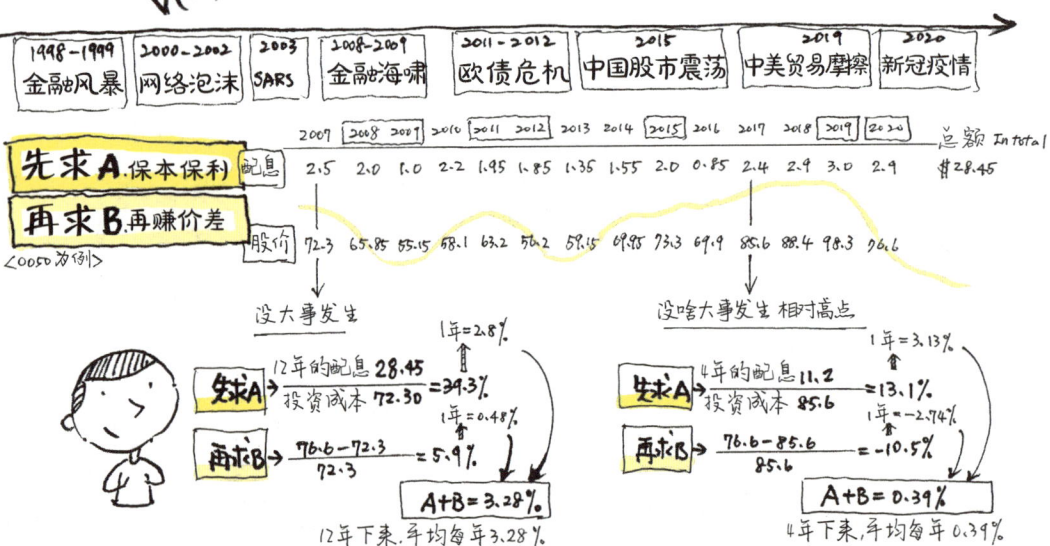

1998-1999	2000-2002	2003	2008-2009	2011-2012	2015	2019	2020
金融风暴	网络泡沫	SARS	金融海啸	欧债危机	中国股市震荡	中美贸易摩擦	新冠疫情

<0050为例>

	2007	2008	2009	2010	2011	2012	2013	2014	2015	2016	2017	2018	2019	2020	总额 In total
先求A 保本保利 配息	2.5	2.0	1.0	2.2	1.95	1.85	1.35	1.55	2.0	0.85	2.4	2.9	3.0	2.9	#28.45
再求B 再赚价差 股价	72.3	65.85	55.15	58.1	63.2	56.2	59.15	69.95	73.3	69.9	85.6	88.4	98.3	96.6	

没大事发生 ↓   没啥大事发生 相对高点 ↓

先求A → 12年的配息 28.45 / 投资成本 72.30 = 39.3%   1年=2.8%

再求B → (76.6 - 72.3) / 72.3 = 5.9%   1年=0.48%

A+B = 3.28%

12年下来，平均每年 3.28%

先求A → 4年的配息 11.2 / 投资成本 85.6 = 13.1%   1年=3.13%

再求B → (76.6 - 85.6) / 85.6 = -10.5%   1年=-2.74%

A+B = 0.39%

4年下来，平均每年 0.39%

心得笔记

历史会重演，人性不会变

财务金融历史事件

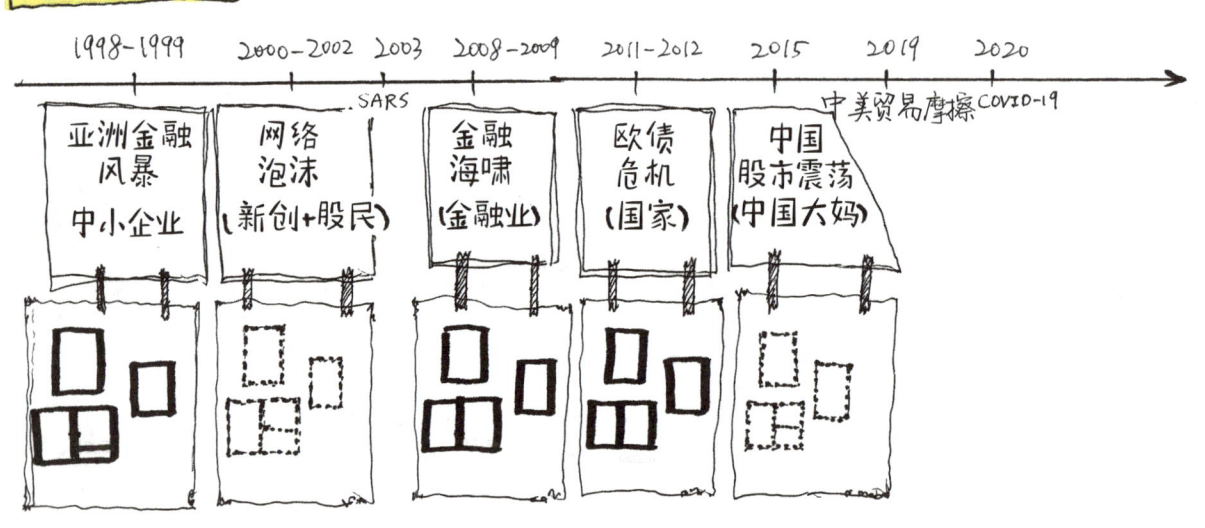

时间	事件
1998-1999	亚洲金融风暴（中小企业）
2000-2002	网络泡沫（新创+股民）
2003	SARS
2008-2009	金融海啸（金融业）
2011-2012	欧债危机（国家）
2015	中国股市震荡（中国大妈）
2019	中美贸易摩擦
2020	COVID-19

心得笔记

你买的时候,利润就已决定,而非你卖的时候才决定

Your profit is made when you buy, not when you sell.

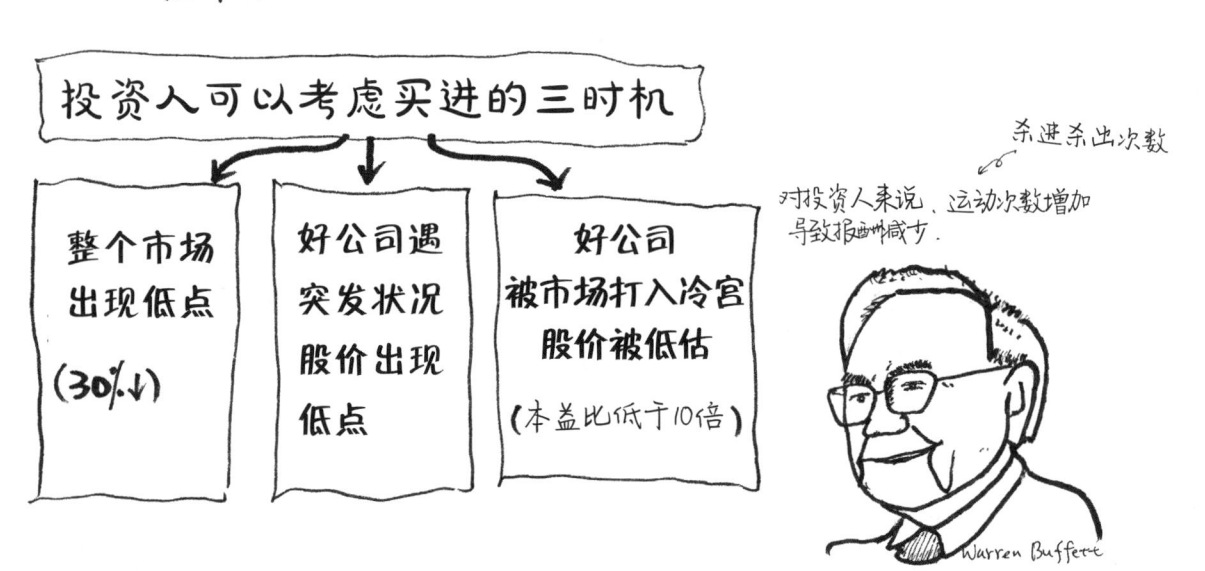

投资人可以考虑买进的三时机

| 整个市场出现低点 (30%↓) | 好公司遇突发状况股价出现低点 | 好公司被市场打入冷宫股价被低估 (本益比低于10倍) |

杀进杀出次数

对投资人来说,运动次数增加导致报酬减少.

Warren Buffett

心得笔记

股价计算公式

本益比 (PE) = 股价 (Price) / 每股盈余 (EPS)
(Price-to-Earning Ratio) / (Earning per share)

➡ **股价 = 本益比 × EPS**

营收 / 净利 / OCF / A / E

Price = 本益比(PE) × 税后净利/总股数(EPS) × 销货收入/销货收入(1) × 股东权益/股东权益(1) × 总资产/总资产(1)

= 本益比 × 净利/销货收入 × 销货收入/总资产 × 股东权益/总股数 × 总资产/股东权益

= 本益比 × 净利率 × 总资产周转率 × 每股净值 × 权益乘数

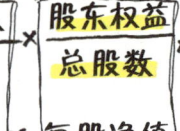

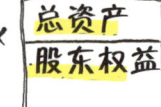

⬇ 市场热度　　⬇ 获利能力　　⬇ 经营能力　　⬇ 每股净值　　⬇ 类似 财务结构 (杠杆)

外部因素　　内部因素　　内部因素　　内部因素　　内部因素

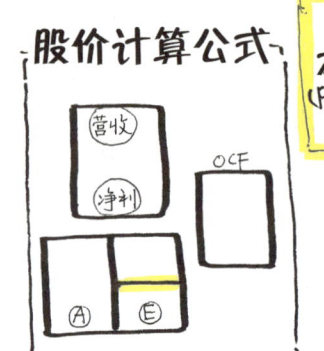

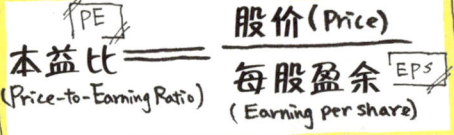

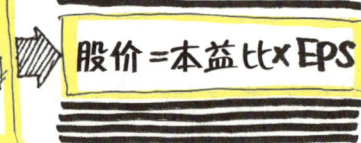

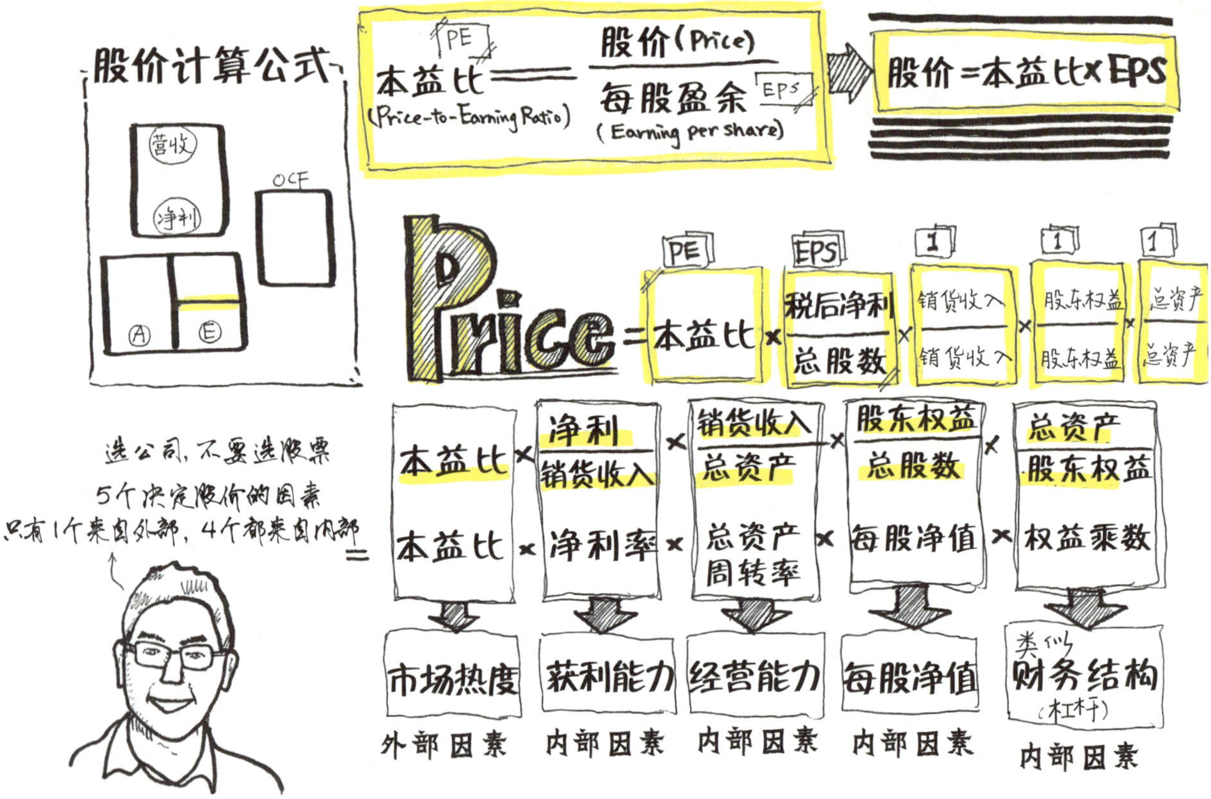

选公司，不要选股票
5个决定股价的因素
只有1个来自外部，4个都来自内部

心得笔记

投资组合视角

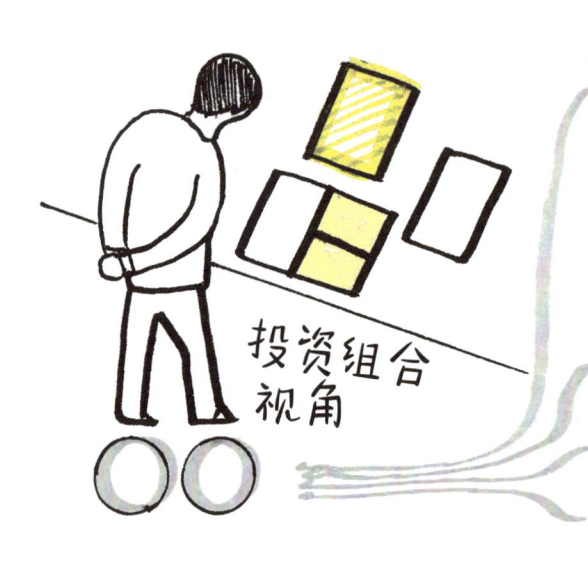

1. 大型股
2. 长期稳定获利能力
3. 高ROE、低负债、低再盈率
4. 简单的企业
5. 良好的经营团队
6. 耐心等待

心得笔记

ETF EXCHANGE TRADE FUNDS

指数股票型基金

John Bogle
先锋基金创办人
发明了ETF

指数	被动追踪某一指数表现的商品
股票型	可以像一般股票一样，在集中市场交易
基金	和共同基金一样，由投信公司发行、管理，买进各种股票组成的投资组合

ETF兼具股票当基金的特色

- 投资成本低
- 分散投资
- 定期汰弱留强
- 免选股 参与大盘趋势
- 上市上柜老板的心态

心得笔记

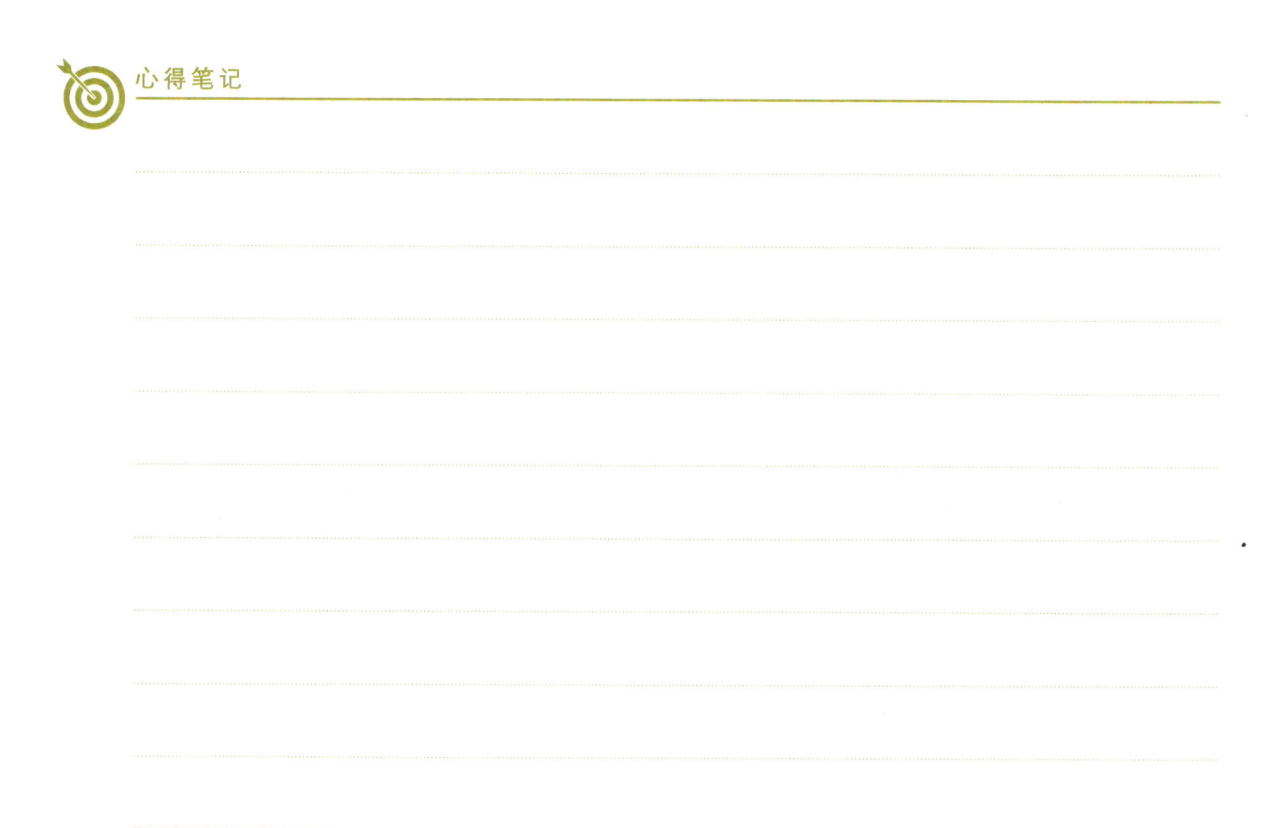

先求A,再求B　　　　　　　不追风 不跟议题,回归商业思维

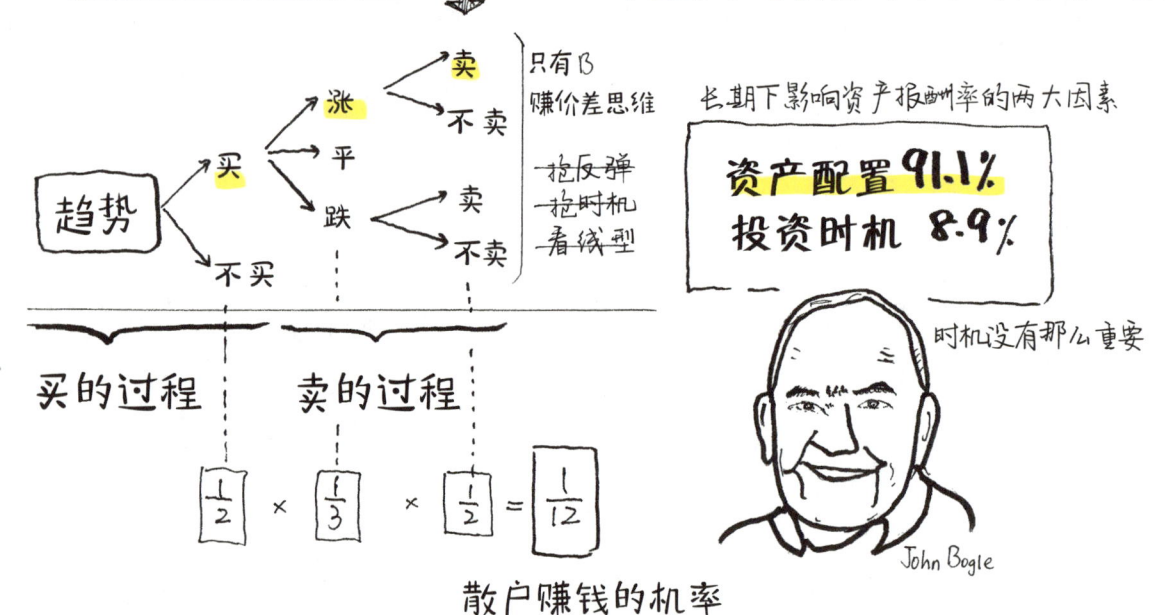

```
                卖         只有B
           涨 <            赚价差思维
          /   不卖
     买 — 平                —抢反弹
   /      \   卖            —抢时机
趋势        跌 <             —看线型
   \          不卖
    不买
```

长期下影响资产报酬率的两大因素

资产配置 91.1%
投资时机 8.9%

— 买的过程 — 卖的过程 —

$\boxed{\frac{1}{2}} \times \boxed{\frac{1}{3}} \times \boxed{\frac{1}{2}} = \boxed{\frac{1}{12}}$

散户赚钱的机率
$\frac{1}{12}$ · 胜算小

时机没有那么重要

John Bogle

心得笔记

个人财务健检

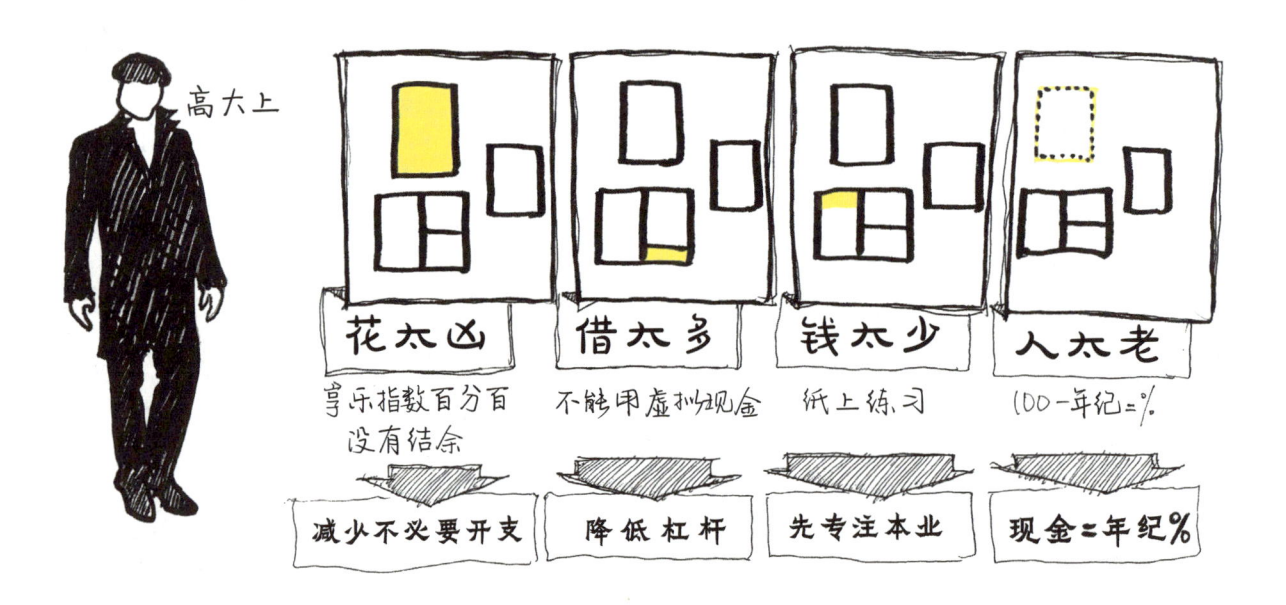

高大上

花太凶	借太多	钱太少	人太老
享乐指数百分百 没有结余	不能用虚拟现金	纸上练习	100-年纪=%
⬇	⬇	⬇	⬇
减少不必要开支	降低杠杆	先专注本业	现金=年纪%

心得笔记

思绪受干扰时
问自己几个问题

1. 你之前投资的钱来自哪里？
2. 之前的投资标的是？ 可投/不可投/不知可不可投
3. 你在做胜算大的事吗？
4. 你的承压能力如何？

心得笔记

行动方案 CHECK LIST

- ☐ 手留现金，才能不出局
- ☐ 意外常有，千万别杠杆
- ☐ 投资组合，记得负相关
- ☐ 做胜算大的事，才能不赌
- ☐ 怎知对错：记得做压力测试
- ☐ 要记住先求A，再求B
- ☐ 十年视角，抓好大概率事件
- ☐ 思绪受干扰，问自己几个问题
- ☐ 危机入市后，转定期定额

心得笔记

任何事都可能影响股价变化
Everything could happen to stock price tommorrow.

Warren Buffett

Eugene Fama 2013

人不可能打败市场
传统金融
TRADITIONAL FINANCE 人是理性的

- 人是理性的
- 市场是透明的
- 价格是均衡的

人有可能打败商场
行为金融
BEHAVIORAL FINANCE 非理性 人不是理性的

- 嗨时，嗨过头 风险偏移
  怕时，跌过头 谨慎偏移
- 认知偏差

Denial Kahneman 2002

Robert Thiller 2013

Richard Thaler 2017

心得笔记

心得笔记